O livro da produção dos círculos

IBN 'ARABĪ

O livro da produção dos círculos

(Kitāb inšā' ad-dawā'ir)

Tradução, introdução e notas
Jamil Ibrahim Iskandar e Sandra Benato

editora unesp

Direitos de publicação reservados à:

Fundação Editora da Unesp (FEU)
Praça da Sé, 108
01001-900 – São Paulo – SP
Tel.: (0xx11) 3242-7171
www.editoraunesp.com.br
www.livrariaunesp.com.br
atendimento.editora@unesp.br

Dados Internacionais de Catalogação na Publicação (CIP) de acordo com ISBD
Elaborado por Odilio Hilario Moreira Junior – CRB-8/9949

A6581

Arabi, Ibn
Livro da produção dos círculos / Ibn Arabi; traduzido por Jamil Ibrahim Iskandar, Sandra R. Benato; introdução por Jamil Ibrahim Iskandar, Sandra R. Benato. – São Paulo: Editora Unesp, 2025.

Tradução de: *Insha Al-Dawair*
Inclui bibliografia.
ISBN: 978-65-5711-290-8

1. Islã. 2. Filosofia. 3. Sufismo. 4. Doutrina. I. Iskandar, Jamil Ibrahim. II. Benato, Sandra R. III. Título.

2025-2860 CDD 297.289
CDU 297

Editora afiliada:

Asociación de Editoriales Universitarias de América Latina y el Caribe

Associação Brasileira de Editoras Universitárias

Nota sobre esta edição

A presente tradução foi elaborada a partir da edição do manuscrito árabe feita por H. S. Nyberg, em *Kleinere Schriften des Ibn al-'Arabī*. Leiden: E. J. Brill, 1919.

Lista de abreviações utilizadas neste trabalho

Alcorão: Referências ao Alcorão serão abreviadas no formato X:Y, onde X refere-se à surata e Y ao versículo.

F.: *Futūḥāt al-Makkīyya*. Ex.: F.II, 224.3 – *Futūḥāt al-Makkīyya*, v.II, capítulo 224, sessão 3.

SPK: *The Sufi Path of Knowledge*, trad. William Chittick, seguida do número da página.

SDG: *The Self Disclosure of God*, trad. William Chittick, seguida do número da página.

Sobre referências bibliográficas

Referências bibliográficas de obras traduzidas do árabe são citadas conforme transliteração para a língua de publicação original.

Sumário

Introdução

Muḥammad bin 'Alī bin Muḥammad bin al-'Arabī al-Ṭā'ī al-Ḥātimī, ou, de modo abreviado, Ibn 'Arabī,[1] nasceu em Múrcia, cidade da Espanha atual, em 28 de julho de 1165 e faleceu, aos 75 anos, em Damasco, Síria, em 22 de novembro de 1240, onde seu mausoléu é, ainda hoje, visitado diariamente por admiradores de seu pensamento filosófico e místico. Conhecido como Muḥyiddīn, o "Revificador da Religião", e al-Šayḫ al-Akbar, o Mestre Maior, influenciou profundamente o pensamento místico islâmico nos últimos oitocentos e cinquenta anos. Dentre seus mais de setecentos livros citados no recenseamento feito por Osman Yahya,[2] cerca de trezentos chegaram até nossos dias. Abrangem desde pequenos tratados e coleções

1 A abreviação Ibn 'Arabī e não Ibn al-'Arabī, como é, de fato, seu nome, é um modo de diferenciá-lo de Abū Muḥammad Ibn al-'Arabī, discípulo de Ibn Ḥazm, falecido em 1099.

2 Osman Yaḥya, *Histoire et classification de l'oeuvre d'Ibn 'Arabī: étude critique*. Institut Français de Damas, 1964, v.1 e v.2.

de poemas, à imensa obra *Futūḥāt al-Makkīyya*,[3] com 560 capítulos, cuja tradução completa para o inglês prevê 39 volumes.[4] Essa obra já revela, em seu título, a natureza de seu conteúdo: *Futūḥāt*, da raiz f.t.ḥ., significa abertura espiritual imprevisível, iluminação, conhecimento revelado. Escrita a partir da própria vivência visionária de Ibn 'Arabī, integra, com sofisticação peculiar, elementos de filosofia, teologia, cosmologia, gramática, jurisprudência, estudos do Alcorão, relatos autobiográficos,[5] dentre outros. Deve-se entender que "abertura", no sentido técnico do termo, não deriva de um fluxo de conteúdos psíquicos, mas de uma condição e experiência do coração ou do núcleo espiritual constitutivo de cada indivíduo decorrente do que Ibn 'Arabī chama de *ḏawq*, um "saborear" que corresponde a um evento espontâneo da consciência, independente de qualquer expectativa. Conta ele, por exemplo, no primeiro capítulo das *Futūḥāt*, que, em uma manhã fria de 1203, enquanto circumbulava a Caaba, encontrou espiritualmente um jovem em cujas costas viu inscritos seus 560 capítulos:

---

3 Vamos nos referir a essa obra, em português, com o artigo feminino, a partir do contexto de "obra" e não no masculino "livros", pois ela compreende, no original árabe, quatro volumes sem a designação *kitāb*, "livro". Em outros momentos o artigo aparece no feminino plural referindo-se ao plural dessa palavra, traduzida para o português como "iluminações".

4 Segundo Eric Winkel, que vem traduzindo sistematicamente as *Futūḥāt* para o inglês. Veja-se: <https://www.thefutuhat.com/>.

5 Vários relatos de sua vida podem ser encontrados, de forma esparsa, ao longo de seus escritos, em especial no *Sufis of Andalusia* (*Rūḥ al-quds / Durrat al-fāḫirah*), onde lista em torno de noventa mestres que frequentou. Uma biografia mais completa pode ser encontrada em Claude Addas, *Ibn 'Arabī ou La quête du Soufre Rouge* ou, em inglês, *Quest for the Red Sulphur, the Life of Ibn 'Arabī*.

O Jovem me disse: "Sou um campo aberto, a colheita universal; levanta meus véus e recita o que está inscrito em minhas linhas. O que aprenderes de mim, coloca em um livro, e fala sobre isso aos teus amados". Levantei os véus e observei a inscrição de suas linhas, e diante dos meus olhos brilhou a luz que estava depositada nele e tudo o que ela continha de conhecimentos ocultos. A primeira linha que recitei e os mistérios que dela apreendi é o que vou descrever no segundo capítulo (das *Futūḥāt al Makkīyya*).[6]

Desse modo, sua obra e sua vivência se entrelaçam, tanto intelectualmente, na abrangência de sua esfera de conhecimentos, quanto espiritualmente, no caráter visionário de sua experiência. Com isso, temos vários níveis de inter-relações que explicam as numerosas repetições características de seu estilo, e que se abrem sempre a novas nuances. Além disso, à parte a grande dificuldade de tradução própria da língua árabe do período medieval, suas referências ao texto alcorânico e a místicos de várias épocas, seus conceitos emergem profundamente associados com a etimologia das raízes trilíteres árabes, o que produz uma diferenciação e criatividade imensa em seu vocabulário técnico, a ponto de uma mesma palavra admitir sentidos distintos em uma mesma frase, dependendo de sua inter-relação léxica. Isso porque, escreve ele, a fala está ligada a cada parte do universo e quando buscamos pela raiz das palavras encontramos o Ser Necessário, do qual tudo depende: "Cada parte de nosso discurso está interligada com outras, pois trata-se de uma entidade única, enquanto as coisas que digo são

6 *Futūḥāt al-Makkīyya*, trad. Eric Winkel, final do primeiro capítulo.

suas diferenciações. Uma pessoa entenderá ao que me refiro se conhecer as inter-relações dos versos do Alcorão" (F.II, 548.15; SPK, p.xxi). Temos, portanto, uma profunda conexão entre conhecimento, níveis de consciência e experiência pessoal, o que corrobora sua afirmativa de que a vida é uma viagem (*safar*, raiz s.f.r) de retorno a Deus: "O viajante é aquele que viaja em sua reflexão à procura dos sinais e provas da existência de seu Artesão (*ṣāni'*).[7] Em seu viajar ele encontra prova alguma, senão a possibilidade de sua própria existência" (SPK, p.82).[8]

E Ibn 'Arabī viajou bastante, tanto por al-Andalus, como pelo norte da África, Oriente Médio e Próximo, até se estabelecer em Damasco, no último período de sua vida, quanto no que ele chama de reino imaginal, o espaço do corpo da alma, intermediário entre o plano físico e espiritual. Isso reflete sua vivência do verso alcorânico (41:53) "Devemos mostrar-lhes Nossos signos, nos horizontes e neles mesmos, até que saibam que esse (o Alcorão) é a verdade": sua própria experiência de vida exterior, no mundo (no horizonte), e no interior, em si mesmo, o que faz da viagem (*al-ṣirāt*) uma autobiografia (*sīra*) e de sua obra um relato de seu caminho espiritual.

---

7 Artesão (*ṣāni'*). Note-se que Ibn 'Arabī utiliza a palavra a partir da produção com as mãos, como em "artesanato", termo que, em sua época, tinha conotação de tudo o que pode ser produzido com as mãos, incluindo a própria escrita. Por outro lado, também remete à criação do ser humano através das duas mãos divinas conforme Alcorão 38:75.

8 Ibn 'Arabī argumenta que a existência da criatura (ou de qualquer outra coisa) já indica, por si, a existência do Criador. Portanto, a melhor prova da existência divina é a existência das criaturas.

Para ele, desde muito jovem, essas duas dimensões do mundo (físico/espiritual) são interdependentes, como, por exemplo, em seu encontro com Ibn Rušd (Averróis)[9] "quando ainda não tinha barbas", onde confronta o filósofo – interessado no problema das duas verdades (revelação x razão) – que lhe pergunta: "A qual solução você chegou como resultado da iluminação mística e da inspiração divina? Coincide com aquela à qual chegamos pelo raciocínio especulativo?". Ibn 'Arabī responde: "Sim e não. Entre o sim e o não os espíritos se afastam da matéria e os pescoços se desprendem de seus corpos". Essa resposta, do então adolescente, já mostra que seu percurso espiritual começou muito cedo, com práticas de oração, jejum, retiro, *d̠ikr* (repetição mântrica dos Nomes Divinos), meditação e autoanálise (*murāqaba*).

Sua primeira viagem para fora da Península Ibérica foi em 1193, a Tunis e ao Marrocos, trajeto que faz e refaz algumas vezes. É em Tunis que alcança o que chamou de "estação da Luz" e escreve *O livro da viagem noturna, Kitāb al-Isrā'ilā Maqām al-Asrā* (1195), e *O poente das estrelas, Mawāqui' al-Nujūm* (1197). Até que, em 1200, em Marraquesh, alcança a "estação da Proximidade" ou da Identidade suprema, onde se vê unido às estrelas e às "letras divinas" e recebe a ordem para partir para o Oriente,

---

9 Esse encontro ocorre em Córdoba, em 1179, quando tinha em torno de 15 anos. Ibn 'Arabī narra esse episódio em algumas passagens das *Futūḥāt*. Veja-se F.I, 153(33)-154(16), e F.II, 372-3; Henry Corbin, *Alone with the Alone, Creative Imagination*, p.41-3; Egbert Meyer, *"Ibn 'Arabl begegnet Ibn Rusd"*, em *Zeitschnjt fiir Geschichte der arabischen-islamischen Wissenschajien*, 3 (1986). Ou, ainda, em tradução de Eric Winkel, capítulo 15 da *Futūḥāt*, em *The Alphabet*, p.311.

de onde não mais retorna. É novamente em Tunis, no ano seguinte (1201), durante estadia na casa de um de seus mestres, 'Abd al-'Azīz al-Mahdawaī, por quem tinha grande admiração, que redige seu *Inšā' ad-dawā'ir*,[10] cujo texto apresentamos aqui, traduzido pela primeira vez em língua portuguesa. Ibn 'Arabī, referindo-se ao *Inšā' ad-dawā'ir*, no *Futūḥāt al-Makkīyya*, escreve:

> Meu sincero amigo – que Deus lhe conceda uma vida longa – já estudou os capítulos de nossos livros *'Anqā' mugrib* e *Inšā' ad-dawā'ir*, consagrado à causa da gênese da criação, obras que compomos em parte em sua casa, durante uma visita que lhe fizemos em 598H/1201 DC, e completamos durante a Peregrinação (à Mecca). No mais, seu servidor, 'Abd al-Jabbār – que Deus exalte seu valor –, copiou aquilo que eu já havia redigido. Parti para Mecca – que Deus aumente sua nobreza – levando-o comigo, para terminar sua redação. No entanto, a composição das *Futūḥāt* me impedia de terminá-lo, bem como a outros tratados, em função da Ordem divina que nos inspira a compô-las (*Futūḥāt*) e do desejo de alguns irmãos e colegas que aspiram conhecer essa ciência e se beneficiar das bênçãos associadas à Caaba nobre de Mecca.[11]

---

10 Na época em que Ibn 'Arabī escreveu o *Inšā' ad-dawā'ir* já havia um tratado intitulado *Kitāb al-dawā'ir (O livro dos círculos)*, de autoria do também andalus Ibn al-Sid al-Batalyawsī ou Ibn Assīd ou Abenasid (1052-1127), cuja filosofia depende fortemente de al-Fārābī. Esse livro também aparece como *Kitāb al-ḥadā'iq* (O livro dos jardins). Veja-se artigo de Ayala Eliyahu, *From Kitāb al-hadā'iq to Kitāb al-dawā'ir: Reconsidering Ibn al-Sid al-Batalyawsi's Philosophical Treatise, Al-Qantara*, XXXVI 1, 2015.

11 *Futūḥāt al-Makkīyya*, ed. Bulaq, Cairo, t.I, p.126, segundo tradução de Maurice Glotton (*Production des Cercles*, p.VIII).

Conta o Šayḫ que esse tratado foi escrito a pedido de seu companheiro de viagem, 'Abd Allāh Badr ad-Dīn al-Habašī, a quem se refere como "amigo sincero", ex-escravo de origem etíope que o acompanhou por 23 anos. Para ele Ibn 'Arabī também escreveu o *Mawāq' al-nujûm* (O Descenso das Estrelas) e o *Hilyat al-abdāl* (O Ornamento dos Substitutos), além de uma coleção de *aḥadīṯ qudsīyyah*,[12] onde alguns desses são relatados segundo o próprio Habašī,[13] pois, como conta Ibn 'Arabī: "Quanto a meu companheiro, ele é de uma claridade sem mistura, uma luz pura, abissínio, chamado 'AbdAllāh; é como uma lua cheia (*badr*) sem eclipse. Reconhece o direito de cada um e o concede. Atribui a cada um o seu direito sem ultrapassá-lo. Foi purificado na fusão (*sabk*), como o ouro puro. Sua palavra é verdadeira e a sua promessa é verídica".[14]

Habašī deixou um pequeno livro em que narra os ensinamentos orais que recebeu pessoalmente de Ibn 'Arabī, o *Kitāb al-inbāh 'alā tarīq Allāh* (O Despertar ao Caminho Divino). O texto distingue-se, em algumas passagens, dos conselhos de Ibn 'Arabī aos demais pretendentes ao caminho espiritual, já que refletem a estação (nível espiritual) de Habašī ele mesmo,[15]

---

12 Relatos do Profeta Muḥammad atribuídos à narração divina em primeira pessoa; *aḥadīṯ*, plural de *ḥadīṯ*.

13 *Mishkāt al-anwār fīmā ruwiya 'an Allāh min al-aḫbar*, Cairo, 1329 AH, *ḥadīṯ* no. 10, 21, 25, 33, 35, 39 e 40. Veja-se *Divine Sayings, Miškat al-anwar – 101 ḥadīṯ qudsī*. Tradução de Stephen Hirtenstein, Martin Notcutt, Anqa Publishing, 2008.

14 *Futūḥāt al-Makkīyya*, ed. Osman Yahya, t.I, p.72.

15 Sobre o *Kitāb al-inbāh 'alā tarīq Allāh*, veja-se tradução de Denis Gril nos *Annales Islamogiques*, XV, 1979, ou sua versão em inglês, no *Journal of the Muhyiddin Ibn Arabi Society*, v.XV (1994).

sem, no entanto, constituir um limite, seja em seu conteúdo ou em sua aplicabilidade por outros discípulos.

Quanto à presente tradução, foi elaborada a partir da edição crítica do *Inšāʾ ad-dawāʾir*, de H. Nyberg,[16] que inclui igualmente o *ʿUqtlah al-Mustawfiz*[17] e o *Tadbīrāt al-Ilāhīyya fi iṣlāḥ al-mamlakat al-insanīyyah* 18.[18] De modo global, pode-se dizer que essas três obras estão relacionadas, pois tratam da condição do "homem universal" segundo parâmetros complementares. Existe também a tradução feita por Paul Fenton e Maurice Glotton, que pode ser encontrada em inglês, "*The Book of the Description of the Encompassing Circles*",[19] e francês, *La Production des Cercles.*[20] Além desses, os estudos de Masataka Takeshita[21] e a tese de doutoramento *O Lótus do Limite – Terceira Coisa e Vivência de Si em Ibn ʿArabī* (Unifesp, 2017).

---

16 Veja-se H. S. Nyberg, *Kleinere Schriftens des Ibn ʿArabī, nach Handschriften in Upsala und Berlin zum ersten Mal herausgegeben und mit Einleitung int Kommentar versehen,* Leiden, 1919.

17 O *ʿUqtlat al-Mustawfiz* tem duas traduções já realizadas: para o italiano, de Carmela Crescenti, *Il nodo del Sagace*, ed. Mimesis, Milano, 2000; e para o francês, *L'Entrave du Partant – Traité sur L'Homme Universel*, de Max Giraud, ed. Albouraq, 2018.

18 Sobre o *Tadbīrāt al-Ilāhiyya*, veja-se a tradução de Tosun Bayak, Fons Vitae, 1997.

19 "*The Book of the Description of the Encompassing Circles*", in Stephen Hirtenstein e Michael Tiernan, eds., *Muhyiddin Ibn Arabi: A Volume of Translations and Studies* (Shafesbury: Element Books, 1993), p.12-43.

20 *La Production des cercles,* Paris, Éditions de L'Éclat, 1996.

21 Masataka Takeshita: *Ibn ʿArabī's Theory of the Perfect Man and Its Place in the History of Islamic Thought*. (*Studia Culturae Islamicae,* 32.) iii, 182p. Tokyo: Institute for the Study of Languages and Cultures of Asia and Africa, Tokyo University of Foreign Studies, 1987, e *An Analysis of Ibn ʿArabī's Inshāʾ ad-dawāʾir with Particular Reference to the Doctrine of the Third Entity. Journal of New Eastern Studies*, XLI, 1982, p.243-60.

Apresentação do *Livro da produção dos círculos*

O título completo do tratado é *kitāb inšā' ad-dawā'ir al-ihātiyya 'allā mudāhat al-insān li-l-ẖāliq wa-l-ẖalā'iq* – "A produção dos Círculos abrangendo a correspondência entre o homem, o Criador e as criaturas, segundo as relações entre as formas sensíveis e inteligíveis bem como segundo os atributos das criaturas e o descenso das realidades essenciais sobre o homem através dos canais dos elos sutis (*anābīb ar-raqīq*)".[22] Ibn 'Arabī abrevia o título para *kitāb Inšā' ad-dawā'ir wa-l-jadāwil, O livro da produção dos círculos e das tabelas*.[23] Compreende 34 páginas na edição árabe original, e consiste de uma introdução e duas sessões (*fasl*) ou capítulos, sendo que a segunda é subdividida em quatro partes (*abwāb*) e inclui os círculos e tabelas.[24]

---

22 *Ar-raqā'iq*, singular *raqīqa* – literalmente, esse termo indica algo delicado, fino ou sutil e indica os modos de relação que mantêm a unidade entre as formas da existência, que podemos traduzir por "filamentos" ou "elos sutis". Conforme escreve William Chittick, traduzindo o termo por "tenuidades": "Ibn 'Arabī emprega o termo junto a verbos da raiz m.d.d., que denota estender ou esticar. "Deus criou o nível (*makāna*) antes de criar o local (*makān*). Então estendeu tenuidades do nível a diferentes locais dentro dos sete céus e da terra e trouxe à existência as coisas que aceitam limites espaciais, para medir seu nível" (F.II 582.26). "Existem tenuidades que se estendem da Alma Universal ao Trono... essas são como escadas para os anjos, enquanto os significados que descendem nessas escadas são como anjos" (F.III, 28.32)... Algumas vezes essas tenuidades são chamadas 'afinidade' (*munāsaba*)" (F.III, 260.6)". SPK, p.406, nota 6.

23 Segundo Osman Yahya, *Histoire et Classification de l'ouvrage de Ibn 'Arabī*, Damasco, 1964, t.I, p.311, n.289.

24 No texto de Ibn 'Arabī há apenas uma tabela subdividida em três partes, por isso o uso do plural.

Conforme Ibn 'Arabī esclarece logo no início da primeira sessão, o objetivo do tratado é situar o grau do ser humano (ou sua esfera de influência) na existência a partir de sua participação na Generosidade Divina e sua emergência de acordo com sua própria realidade fundamental, pois, para ele, o ser humano foi criado segundo a Forma divina. Essa peculiaridade estabelece uma correlação entre humanidade e divindade que justifica a intenção do tratado. Para isso, o Šayḫ discute, de modo bastante sucinto, alguns conceitos, tais como: existência e não existência; as diferentes modalidades da existência e do conhecimento e suas categorias; a terceira coisa, a causa da gênese do mundo e seu aparecimento de acordo com os Nomes divinos. Cada um desses temas é ilustrado com um diagrama ou uma tabela.

No entanto, nada em Ibn 'Arabī é assim tão simples de ser descrito, pois seu vocabulário técnico é basicamente autorremissivo: há um encadeamento de conceitos que se fecham em uma circularidade,[25] de modo que qualquer ponto do círculo, ainda que possa ser delimitado, espelha o próprio círculo. Isso não se restringe a uma metodologia de escritura, mas deriva da

---

25 Veja-se, por exemplo, o *Istilaḥāt as-sufiyya*, terminologia sufi, escrito em 1218 (615H) em Malatya, Turquia, a pedido de um amigo. Consiste de 199 definições sucintas conforme empregadas no sufismo. E também o complemento à resposta 153 das questões formuladas por Tirmiḏī, que constam do capítulo 73 do *Futūḥāt al-Makkīyya*: a primeira palavra é conceituada a partir da segunda, a segunda a partir da terceira e assim progressivamente, até que a última retorna à primeira. Esse encadeamento exige uma mobilidade cognitiva constante, de modo que os conceitos são abertos em uma progressão inclusiva cada vez mais abrangente.

unicidade e inter-relacionalidade que permeia seu pensamento. Em outras palavras, a "produção dos círculos" tanto implica uma ontologia ou aparecimento dos existentes, quanto em um modo de conhecimento e pulsão vital: o aparecimento da existência já denota a "ciência" divina e a consciência naquilo que aparece.

Ibn 'Arabī inicia a primeira sessão com a relação entre a forma divina e aquela do ser humano completo (*al-insān al-kāmil*) que permeia a formação dos círculos: o ponto central onde o "compasso" se assenta representa o ponto abissal da essência divina que encontra face a face (*tawajjuh*) cada ponto do movimento do compasso, que, por sua vez, forma o círculo das criaturas que emergem como existentes a partir de sua não existência. Surge aqui um dos termos centrais do pensamento de Ibn 'Arabī: *wujūd*, tradicionalmente traduzido ora por ser ora por existência, mas que carrega o sentido de encontrar e ser encontrado, sentir, perceber, ser atraído por algo: o ente em si já implica consciência do encontro, sendo essa a função do "homem universal", ou seja, o aspecto da existência que responde pela "alma" do universo, sua habilidade de reconhecimento do Real.

Devemos lembrar que a língua árabe não utiliza o verbo "ser", mas formas verbais que denotam existência, em especial "*kāna*", que denota advento, ocorrência, encontrar-se nessa ou naquela circunstância, "vir à existência", ou seja, um processo de "ocorrência" que unifica o sentido "temporal" (antigo/novo) ao de espaço ou aparecimento da forma. Desse modo, o "ser" é o ser em ato, *kawn*, a ocorrência ou atualização da forma na matéria de modo continuamente renovado cuja presença é dita *mukawwan*, "aquele que recebeu existência" sem modelo anterior, a coisa "concreta" que atualiza uma "entidade" específica ou determinada, *'ayn ṯābita*. Essa relação do existente em forma concreta, *kawn*, o universo imediato, e a coisa em sua "identidade", ou seidade[26] intrínseca, equivale à mesma expressão correlativa entre a forma divina e o aparecimento do ser humano perfeito, ainda que em "graus" (*marātib*) diferentes.

Como o *Inšā' ad-dawa'īr* é um texto bastante sintético, para compreendê-lo é necessário conhecer outros escritos de Ibn 'Arabī, pois seus conceitos são desenvolvidos em diversos níveis de significação, dispersos ao longo de sua obra como um todo. Na abertura do *Fuṣūṣ al-ḥikam*, por exemplo, ele afirma:

> O Real quis ver as "essências" (*a'yan*) de Seus incontáveis Belos Nomes (*al-asmā al-ḥusnā*), ou, se preferes, podes igualmente dizer; Deus quis ver Sua própria "essência" (*'ayn*) em um objeto global, (*kawn*) que, dotado de existência (*wujūd*), resumisse toda a ordem (*al-'amr*) divina, a fim de, através desse, manifestar, a Si Mesmo, Seu próprio mistério (*sirr*); pois a visão (*ru'yā*) que se tem de si mesmo em si mesmo não é a mesma que a fornecida por uma outra realidade utilizada como um espelho: manifesta-se sob a forma que resulta do lugar de visão, e não ocorreria sem esse plano de reflexão e o raio que o reflecte.[27]

Esse primeiro parágrafo do Verbo de Adão replica o *ḥadiṯ qudsī*: "Eu era um tesouro oculto e amei/desejei ser conhecido; então criei as criaturas, Fiz-Me conhecido por elas, e elas Me

26 "Seidade" – utilizamos esse termo para designar o sentido de si mesmo e a singularidade de cada coisa.

27 *Fuṣūṣ al-Ḥikam*, trad. Burckhardt, *La Sagesse des Prophètes*, p.20. Ver também as traduções de Canner Dagli e R. W. J. Austin.

reconheceram".[28] Ibn 'Arabī usa, para referir-se a Deus, o nome O Real, *al-Ḥaqq*, O Verdadeiro, e, para ele, é sinônimo de *wujūd*. "Allāh" é o nome abrangente do Real, que não pode ser conhecido nem conceituado, mas descrito por sete atributos básicos sem os quais não poderíamos nos referir a essa realidade: O Vivo, O Cognoscente/Consciente, O Desejoso, O Poderoso, O Ouvinte, O Falante, O Vidente. Essa realidade fundamental é viva e consciente de si, deseja e possui autoexpressão ou poder de geração (ação); audição, visão e fala referem-se à expressão relacional de si enquanto atos divinos ou processos de automanifestação.

Conhecendo-Se, O Real expressa Seus Belos Nomes, ou aspectos de Si, que aparecem em um "receptáculo" vazio, que, a exemplo do espelho, acolhe Suas formas. Isso pode ser comparado com a consciência autorreflexiva, onde o sujeito é seu próprio objeto, de modo que o receptáculo, por um lado, de modo objetivo, é *kawn*, o mundo gerado; e, por outro, reflete o sujeito que se contempla sob inúmeros aspectos de sua própria "seidade" ou sentido de si mesmo. Tanto o objeto que se forma quanto o sujeito que se contempla não possuem existência em si, mas dependem do Real, aquele que de fato se vê e se reconhece no objeto visto.

---

28 Esse *ḥadīṯ qudsī* em que Allāh fala em primeira pessoa consta como verídico no *Kašf al-Ḫafā'*, de Imā al-'Ajlūnī, apesar de não ser formalmente reconhecido. Ibn 'Arabī o considera "autêntico por desvelamento" (*kašf*) (F.II, 399) e utiliza em várias passagens, enfatizando o caráter amoroso, já que o verbo usado em "amei/desejei ser conhecido", *aḥbabtu*, da raiz h.b.b., traz a noção de "semente" e de amor profundo, que Ibn 'Arabī entende como "amor seminal", amor principial, fundamental.

Esse processo ocorre através do "suporte" de *'ayn*, que Burckhardt (na citação anterior) traduz por "essência", mas que comporta o sentido comum de "olho", "fonte", a "coisa em si", a "entidade", a "identidade", de modo que a palavra mais adequada no caso é "seidade" ou "o si mesmo" autorreferencial. *'Ayn,* tal qual o espelho, é um "vazio" receptivo. O objeto contemplado, no entanto, nunca é o Real em Si, mas sim Seus nomes ou aspectos singulares de Si mesmo, que denotam Seus atributos. Como esses são inumeráveis e singulares, manifestam-se em formas também específicas que, tal qual o Real, aparecem vivas, conscientes, desejantes, e replicam os atributos divinos em um primeiro "círculo" de entificação ou aparecimento, que, de modo global, apresenta-se como *al-insān al-kāmil,* o ser humano perfeito, capaz de acolher todos os nomes do Real. Note-se que *al-insān al-kāmil* corresponde à realidade subjetiva que se reconhece, e sua forma concreta corresponde ao universo. Ambas são vazias de si, pois são "signos" que acolhem O Real, e Dele dependem para sua existência. No entanto, O Real também as requer, no sentido que, enquanto espelhos ou "locais" da visão, retornam a imagem que O Real tem de Si mesmo: o espelho limita a manifestação do Real – se for quadrado, circular, côncavo, convexo, enferrujado etc. – a imagem aparecerá em conformidade com essa condição.

É desse modo que todo aparecimento ou evento acontece segundo um aspecto do Real, o que confere a cada coisa aquilo que ela é, seu "olho", *'ayn,* seu ponto de vista, sua "seidade" única, de acordo com seu preparo (*isti'dād*) e receptividade (*qābilīyya*); ou, ainda, de acordo com sua "fonte", o núcleo de sua potencialidade/possibilidade. Cada *'ayn*, ainda que inexistente e vazia em si, existe enquanto potencialidade no próprio autoconhecimento que O Real tem de si mesmo, pois são suportes da autoexpressão do Real. Isso significa que cada coisa tem uma face que recebe existência a partir de uma realidade divina e outra que expressa essa realidade no mundo segundo sua própria receptividade ao Real. O estado de *al-insān al-kāmil* é a receptividade abrangente que está em correspondência com o plano da divindade, pois sem esse ser humano perfeito ou completo, o Real não seria conhecido como "divindade".

Cada criatura consolida-se na existência, portanto, segundo uma forma determinada do Real ao qual é receptiva, de acordo com seu próprio preparo ou habilidade, que constitui sua "identidade essencial", sua seidade. É em função disso que Ibn 'Arabī afirma que O Real em Si nunca é conhecido; conhecemos apenas O Senhor, *rabb*, que representa o Real segundo os Nomes divinos que nos concedem existência, e, desse modo, "quem conhece a si mesmo, conhece seu Senhor".[29]

Compreendendo esse processo, podemos abrir o *kitāb inšā' ad-dawā'ir*. Já de início o Šayḫ afirma que a existência (*wujūd*) e a não existência não ocorrem de modo abstrato, mas são o existente (*mawjūd*) e o não existente (*ma'dūm*) eles mesmos. Assim, o único "existente" é O Real em si, em Sua unicidade, enquanto a multiplicidade aparente do mundo são Seus aspectos determinados ou delimitados, que assumem existência a partir da diversidade dos Nomes divinos conforme esses aparecem no suporte vazio das *a'yan*.[30] Isso significa que existência e não existência afirmam-se através de uma entidade, se ela é encon-

29 *Man 'arafa nafsahu 'arafa rabbahu* – frase atribuída ao Profeta Muḥammad e frequentemente citada por Ibn 'Arabī.

30 *A'yan*: plural de *'ayn*.

trada ou não, concretamente ou no conhecimento/consciência que dela temos, em seu referencial identitário particular.

Nesse sentido, existência e não existência possuem conotação de presença ou ausência em um determinado instante enquanto uma determinada estância (local ou posição), de modo que a existência e a não existência de cada coisa não são estados sobrepostos à coisa, mas a ocorrência da coisa ela mesma. Esse posicionamento do Šayḫ já indica, portanto, que não há um substrato ou espaço prévio "onde" as coisas aparecem e que as sustenta, mas um ato de presença ou ausência do Real que Se expressa a Si mesmo, do qual tudo depende. As coisas, sendo elas mesmas seu próprio espaço/tempo, estabelecem relações entre si, o que gera o sentido de localização e direcionamento: Ibn ʿArabī cita o exemplo de Zayd, um homem qualquer, que pode estar presente no mercado e ausente de sua casa. "Existência" ou "não existência" pertencem, portanto, à categoria de relação (*bāb al-iḍāfāt wa al-nisab*) e direcionamento, vir-a-ser correlacional, do mesmo modo que ocorre no "encontro" (*wujūd*).

Quando Ibn ʿArabī define o termo *wujūd* nas *Futūḥāt*, usa três palavras da mesma raiz léxica (w.j.d): *al-wujūd wijdan al-Ḥaqq fil wajd* – "*wujūd* é encontrar o Real em êxtase", ou no anseio do encontro, de modo que entre os dois termos da correlação – aquele que encontra e aquele que é encontrado – há uma força atrativa que impulsiona o encontro, representada aqui pela palavra *wajd*.[31]

31 *Wajd*, da mesma raiz de *wujūd*, tem o sentido de êxtase, anseio ou desejo amoroso, melancolia, que, em bom português, poderíamos associar com "saudade".

Essa base conceitual vai fundamentar seu conceito das modalidades dos existentes, pois Ibn 'Arabī afirma que somente Deus tem existência real ou verdadeira (*ḥaqq*) enquanto tudo o mais entra na existência a partir do encontro com o Real. Isso equivale a dizer que o Real é o encontro em si, aquele que encontra e aquele que é encontrado, pois a não existência (*'adam*) é uma forma de privação ou irrealidade (*bāṭilīyya*). Assim, entrar na existência significa encontrar o Real, equivalente à metáfora do ponto na circunferência que aparece face a face com o ponto central do qual é dependente. A correlação entre o ponto no círculo e o ponto central que estabelece o círculo replica a afirmação de que o ser humano completo aparece segundo a forma do encontro (*wujūd*), que é a forma do Real através do anseio mútuo de se fazer presente, face a face. Aquilo que se encontrava perdido é encontrado e aquilo que se encontrava ausente é presenciado, testemunhado: a coisa entificada, em concreto, está em correlação com o conhecimento consciencial que dela se tem, já que o encontro e a presença também implicam a percepção e o anseio ou desejo do encontro.

Ibn 'Arabī explicita esse conhecimento consciencial a partir do que, na mística islâmica, chama-se de "ciência das letras". As modalidades da existência abrangem desde sua presença física, em concreto, quanto a referência consciencial que dela podemos ter e que se expressa em valores linguísticos: a identidade de algo ou alguém nos aparece na forma em que é evocada mentalmente, mas também na forma escrita ou falada. Essa relação entre consciência ou conhecimento, desejo, geração ou processo criativo e linguagem é entendida pelo Šayḫ a partir do verso alcorânico: "Sabei que quando desejamos algo, dizemos: Seja! e é" (16:40); seja!(*kun*!), indica essa conjunção do desejo divino, de seu ato imperativo, de sua fala, que seguem o conhecimento que Ele possui de cada coisa e que é evocado. Assim, cada coisa expressa um "verbo" divino, falado e escrito, tanto em sua "seidade" fundamental quanto em seu aparecimento concreto no mundo e sua representação na consciência ou no conhecimento que dela podemos ter, que, em língua árabe, ocorre a partir da "ciência das letras" em seus 28 "sinais" escritos e pronunciados. Explica o Šayḫ;

> A primeira modalidade é a existência da coisa em sua realidade fixa (*'ayn ṯābita*). Este modo é o segundo em relação à Ciência que Allāh, o Real, possui das realidades adventícias (*muḥdaṯ*);
>
> A segunda modalidade é a existência da coisa no conhecimento que dela temos; essa modalidade é a primeira, considerando-se a Ciência que o Real – Glorificado seja – possui de nós;
>
> A terceira modalidade é a existência da coisa nos vocábulos (*alfāẓ*);
>
> A quarta é a existência da coisa na forma escrita (*ruqūm*).

A existência, pois, de Zayd, ou seu fundamento identitário, corresponde a quatro "estados": em sua *'ayn ṯābita*, o vazio receptivo segundo uma determinada configuração; em sua forma evocada ou imaginal, que nos aparece mentalmente quando pensamos nele; e, igualmente, quando escrevemos o nome Zayd, reconhecemos sua identidade nas letras escritas, do mesmo modo que quando falamos seu nome nos referimos somente a ele e não a outro.

Em seguida Ibn 'Arabī analisa os não existentes (*ma'dūmāt*), também em quatro categorias: a primeira é a dos impossíveis, como associar outro (existente) a Deus; a segunda refere-se a um não existente quando haja para esse uma opção voluntária; a terceira é o não existente que contraria um existente, por exemplo, a doçura da água do mar; e a quarta é aquele existente que não é possível nem por opção nem a partir de outro.

Essa distinção é relevante, pois Ibn 'Arabī utiliza as mesmas categorias da filosofia islâmica de cunho peripatético (*falsafa*), mas de um modo peculiar. Se, para a *falsafa*, a existência divide-se entre necessária, como a existência de Deus, a possível (*mumkin*) ou dos seres contingentes, que podem ou não ter existência, e a dos impossíveis (*muḥāl*), que não podem de fato existir, para o Šayḫ, há apenas a existência do Real e de tudo o que dependa Dele segundo Seu desejo, de modo que, escreve ele, todo outro que o Real (o mundo e tudo o que aparece) refere-se ao desejado ou ao não desejado, como afirma o Alcorão: "Se Ele tivesse desejado" (13:31), onde o impossível é aquilo que não encontra o Real segundo Sua *mašī'a*, ou desejo essencial, pois para Deus tudo é possível.

Já no que se refere ao modo de conhecimento, se a coisa pode ser encontrada pode ser percebida, já que o conhecimento ocorre somente a partir de um existente concreto, que serve como referência (*miṯal*) para o não existente, de modo que um existente imaginário também pode se tornar objeto de conhecimento a partir da combinação de elementos de outros existentes. Do mesmo modo, o conhecimento que o Real tem de Si mesmo – Sua "percepção", ao invés de se referir a um existente exterior a si, segue um processo de consciência autorreflexiva, onde o sujeito que conhece, o objeto conhecido e o próprio conhecimento são um e o mesmo – e, portanto, a "imagem de Deus", o ser humano perfeito enquanto processo autorreflexivo do Real, é o Real Ele mesmo, já que essa forma do ser humano universal abrange a expressão de todos os Nomes divinos. A isso Ibn 'Arabī denomina a consciência capaz de acolher/conhecer todos os Nomes.

Isso significa dizer que o conhecimento divino é a percepção (*idrāk*) do diferenciado (*mufaṣal*) no indiferenciado (*al-mujmal*), enquanto o conhecimento humano ocorre somente através do diferenciado ou das coisas que aparecem no macrocosmo. Há um paralelismo ou correspondência entre o homem como imagem de Deus e o mundo como imagem do homem. De fato, já na abertura do *inšā'*, Ibn 'Arabī escreve: "Todo Louvor a Deus, que criou o homem de acordo com Sua forma e assim permitiu-lhe conhecer Seu Segredo. Deus fez da semelhança e da evidência duas premissas para validar o conhecimento: ora o homem é comparado aos graus de Sua Essência e Atributos e ora aos graus de Suas criaturas".[32] Se, por um lado, o ser humano é suporte para manifestação dos nomes divinos em suas qualidades e atos, por outro, essas qualidades e atos, presentes de maneira indiferenciada no universo, são seus constituintes, de modo que o conhecimento que o ser humano pode ter do universo equivale ao conhecimento que ele pode ter de si mesmo. E, enquanto um processo circular, autorreflexivo, isso também significa que todo e qualquer conhecimento só ocorre a partir do autoconhecimento. Nas palavras de Ibn 'Arabī, *man 'arafa nafsahu 'arafa rabbahu*, quem conhece a si mesmo

32 Note-se que "Sua Forma" estabelece, de fato, uma ambiguidade: por um lado, refere-se à Forma divina que é atualizada em Seu desvelamento. Por outro, refere-se à imagem do ser humano ele mesmo, comparado, portanto, ora com a Essência ou realidade fundamental, e ora em seu relacionamento com as demais criaturas, o que estabelece graus transitórios de autoexpressão.

conhece seu senhor, pois esse senhor corresponde à configuração dos nomes divinos que assumem o vazio de seu "olho" ou identidade essencial.

Por outro lado, cada ser humano corresponde a um ponto de vista específico do Real e conhece o mundo a partir desse ponto de vista peculiar, que, por sua vez, retorna à presença do Senhor enquanto conhecimento que cada criatura pode ter de sua fonte (*'ayn*), de seu Originador. Essa perspectiva do encontro que caracteriza o processo criativo, Senhor/criatura, Necessário/ dependente, que também é replicado em todo par correlato, pressupõe um vínculo interativo que Ibn 'Arabī chama de "terceira coisa" (*al-šay' al tālit*), que vai constituir uma referência fundamental a todos os seus conceitos e é o núcleo do *Inšā' ad-dawā'ir.*

Todos os nomes da Terceira Coisa

Se, por um lado, temos o Real, *wujūd*, que na *falsafa* recebe o nome de Ser Necessário, o Absoluto, o Único, a Existência e o Existente em Si, *mawjūd fi-dāti-hī fi 'ayni-hī* (o que existe por sua própria essência e em si mesmo), por outro, temos aquele que recebe a existência e, portanto, tem existência delimitada (*wujūd muqayyad*) e não existiria sem o Existente em Si. Essa correlação coloca em ressonância dois nomes divinos: *al-Ḥaqq* e *al-Ḫāliq*, O Real e O Criador em uma das definições da terceira coisa: "O Real-através-do-qual-a-criação-acontece" (*al-ḥaqq al-maḫlūq bi-hī*),[33] que também recebe outras denominações como Realidade das realidades (*ḥaqīqat al-ḥaqā'iq*), Realidade Univer-

33 Ibn 'Arabī diz usar esse termo a partir de 'Abd al-Salām Ibn Barrajān de Sevilha (F.1141) e Barrajān, por sua vez, a partir do versículo al-

sal (*ḥaqīqat al-kullīya*), A Esfera da Vida, A Nuvem ou Alento do Misericordioso (*Nafas Ar-Raḥmān*), Nomes ou Atributos Divinos e entidades fixas (ou constantes), *a'yān al-ṯābita*, além de outros termos, dependendo do contexto.[34]

Sobre essa terceira coisa, ele afirma: "É aquela que não é qualificada nem pela existência nem pela não existência, nem pela antiguidade nem pela adventicidade, mas está intimamente vinculada à Subsistência divina". Nessa breve conceituação está inserida a visão akbariana do tempo, em torno dos termos *qadīm*, *ḥudūṯ*[35] e *azal*, que também se refere à terceira coisa.[36] *Qadīm*, traduzido aqui por "antigo", também comporta o sentido de anterior, primordial, preexistente, "eterno"; e *ḥudūṯ* ou *ḥādiṯ* tem o sentido de começar a ser, um advento, uma nova ocasião ou ocorrência, atualização, enquanto *azal* indica o "eterno sem início" em contraponto com *'abad*, o eterno sem fim. São palavras correlatas que se estabelecem mutuamente. No entanto, argumenta Ibn 'Arabī, O Real não se descreve, no Alcorão, por termos que evidenciem o sentido de tempo ligado à transitoriedade ou à eternidade, pois essa relação ocorre a partir do aparecimento da multiplicidade das criaturas, umas em relação às outras e

---

corânico "Não criamos os céus e a terra, e tudo o que há entre eles, senão pela Verdade (ou pelo Real)" (15:85 – e também 44:38-9).

34 "Terceira coisa" é, assim, um termo abrangente que assume denominações diversas dependendo da "fase" do processo criativo ou do "instante/estância" que promove um aparecimento/emergência (de uma criatura ou realidade).

35 Da mesma raiz de *muḥdaṯ*, "originado temporalmente".

36 Sob o ponto de vista de sua realidade essencial, podemos dizer que a Terceira Coisa é o Tempo, realidade associada ao movimento do Amor ou do Desejo divino como fundamento da existência. Essa analogia vai ser melhor compreendida na sequência desse texto.

não entre O Ser Necessário e aqueles existentes através de Deus (*wujūd bi-Llāh*) e Dele dependentes. Entre essas duas categorias, escreve o Šayḫ, "Ele é anterior em função da existência, tal como a anterioridade de ontem em relação a hoje, pois não possui temporalidade e é o próprio Tempo.[37] A não existência do mundo não se situa no tempo, mas a faculdade especulativa imagina que entre a existência do Real e a criação haja um intervalo (*imtidād*). Essa relação só se observa na percepção sensível da anterioridade e da posterioridade relativas aos eventos (*muḥdaṯāt*)". Em relação a Deus ser O Tempo, Ibn ʿArabi afirma, nas *Futūḥāt* (III, 202.4), que Deus é um Dia sem início e sem fim, sem período diurno ou noturno, mas as propriedades dos Nomes e Atributos divinos dividem esse "Dia" em inúmeros dias, que correspondem à manifestação/ocultação ou alternância da influência dos Nomes através do Alento do Misericordioso, o que também traz o sentido de potência e atualização. Essa situação é vivenciada como a alternância dos estados (*aḥwāl*) na experiência cotidiana. Sobre isso, ele escreve:

> Depois de nos informar que Ele é o Tempo, Deus nos menciona que Ele possui dias, os chamados "Dias de Deus" (14.5). Esses são entificados pelas propriedades dos nomes divinos no cosmos. Cada nome possui dias, que correspondem ao tempo (*zamān*) da regência daquele nome. Mas todos são Dias de Deus, e

37 Com frequência Ibn ʿArabī cita a narrativa do Profeta Muḥammad de que "Deus é o Tempo". Referências em Bukhari, Tawḥīd, 101 (et al.)\ "Deus disse: ʿOs filhos de Adão Me insultam quando culpam o Tempo (*al-dahr*), pois Eu sou o Tempo". Veja-se também W. A. Graham, *Divine Word and Prophetic Word in Early Islam*, p.112-4. E Ibn ʿArabī, *Mishkāt al-anwār* (*Divine Sayings*), Anqa Publishing, p.77.

> todos são as diferenciações da propriedade do Tempo no cosmos. Esses Dias misturam-se (*tawāluj*), interpenetram-se e cobrem uns aos outros. Isso é a propriedade das diversidades observadas no cosmos em um determinado momento, e deriva da interpenetração, cobertura, transformação e repetição dos Dias. Cada um dos Dias divinos possui um período diurno e um período noturno. Suas noites são o oculto, isto é, aquilo que não vemos... O período diurno é o visível, e corresponde às suas propriedades nos corpos físicos até o mais elementar dos minerais, isto é, tudo o que pertence à Natureza (F.III, 201.12, SPK, p.395).

Esse sentido de "tempo" atribuído ao Tempo divino não tem, portanto, relação com "*zamān*", o tempo experienciado a partir dos movimentos de rotação da Terra, ainda que, de certo modo, seja-lhe inerente. Assim, o sentido da correlação *qadīm-ḥudūṯ*, por um lado, e *azal-'abad*, por outro, é dado igualmente pelo vínculo da terceira coisa enquanto expressão dos nomes divinos, de modo que ela subsiste no eterno e transita no ocasional na medida em que é, como escreve Ibn 'Arabī, a "força atrativa" que vincula os seres criados ao Ser Necessário. Se, por um lado, a linguagem exige a correlação temporal, esse vínculo remete a um significado (*ma'nā*) impossível de ser categorizado por "anterioridade e posterioridade ou por aumento e diminuição" ou de qualquer outra ordem, pois trata-se de uma realidade que não é nem existente nem não existente, nem um nem outro termo do encontro, mas a força atrativa do encontro, que Ibn 'Arabī compara à força atrativa do ímã:

> Sabemos que entre um magneto e o ferro há uma correspondência e uma interligação da qual não há como escapar, como a

> interligação entre a criação e o Criador. Quando seguramos um magneto ele atrai o ferro para si, e sabemos então que há uma atração no magneto e uma recepção no ferro. Em função disso o ferro sofre a ação do movimento em sua direção. Assim, ambos, apesar de estarem interligados, são diferentes e distintos. Então as pessoas, ou melhor, o cosmo, é pobre em relação a Deus[38] (35:15) e Deus é independente dos mundos (3:97) (F.IV 65.21: SDG, p.44).

Na sequência Ibn ʽArabī escreve que essa terceira coisa é o fundamento da Substância indivisível e homogênea, a Esfera da Vida, *fuluk al-ḥayāt*, sem que o mundo seja nela localizável, já que a localização é inerente ao mundo: "Ela é o totalizador universal que engloba o adventício e o eterno, e diversifica--se em função da pluralidade dos existentes, sem, no entanto, subdividir-se pelo fracionamento daqueles, nem se multiplicar pela multiplicidade das realidades cognoscíveis". O Šayḫ exemplifica essa situação falando de todos os objetos feitos de madeira que, apesar de serem inúmeros, não esgotam nem aumentam a "madeiritude". Em um outro livro seu, o *ʽUqlah al Mustawfiz*, Ibn ʽArabī refere-se de modo semelhante ao que ele chama de Elemento Supremo (*ʽunṣur aʼẓam*), que sintetiza todo processo de mudança de estados e faz frente a toda possibilidade de conhecimento do Primeiro Intelecto:[39]

---

38 Pobre em relação a Deus: esta expressão significa que "o cosmo necessita ou depende de Deus, não tem existência independente".

39 O Primeiro Intelecto, também chamado Cálamo, considerado a "primeira entificação", criado sem intermediários, recebe conhecimento diretamente do Real, que escreve na Tábua Preservada (a Alma Universal). Veja-se cap.369 das *Futūḥāt al-Makkīyya* ou tradução parcial feita por William Chittick em *The Self Disclosure of God*, p.152.

No Elemento Supremo, esses aspectos estão em síntese, enquanto no Intelecto estão em multiplicidade indefinida, em função das suas habilidades receptivas à influência do Elemento Supremo. O ato de orientação (*iltifata*) do Elemento Supremo é, portanto, único, ao passo que o Intelecto possui múltiplos aspectos de recepção, de modo que o Elemento realiza a Unidade do seu Criador melhor do que o Intelecto, pois sua relação com Ele é mais perfeita.[40]

Essa questão entra em pauta quando a terceira coisa é associada à Hylé (*hayūlā*) – a Primeira Matéria (*mādda ' ūlā*), ou ainda O Gênero dos gêneros (*jins al-ajnās*) – que, de todo modo, não pode ser separada do Real enquanto *al-wājib al-wujūd*[41] que quer contemplar seus Belos Nomes no espelho das

40 *'Uqlah al-Mustawfiz* (*L'Entrave du Parlant – Traité sur l'Homme Universel*), trad. Max Giraud, Albouraq, 2018, p.100.

41 *Wājib al-wujūd*. Literalmente, Ser Necessário. No entanto, para Ibn 'Arabī, A Existência não é outra senão O Existente, equivalente ao nome O Real, *al-Ḥaqq*. Portanto, quando escreve sobre as modalidades da existência, está falando a partir da perspectiva da unicidade (*tawḥīd*), cujos referentes são O Um e O Uno. Isso distingue seu pensamento daquele da *Falsafā*. Enquanto Um, O Real é fechado em Si, absoluto, irredutível. A essa realidade ele chama *al-muṭlaq al-wujūd*, O Absoluto da Existência. Sobre Ele nada pode ser dito. E, enquanto Uno, o Real é aberto a todas as Suas próprias potencialidades de manifestação ou desvelamento (*tajallī*). Esse Uno congrega, então, a multiplicidade, expressão da infinitude de Seus Nomes, a partir de Seu conhecimento e desejo e é chamado de *wujūd al-muṭlāq*, A Existência Absoluta. Trata-se do Absoluto que pode ser descrito pela Essência (*ḏāt*), Atributos (*ṣifa*) e Atos (*afā'l*), e inclui Nomes correlativos como O Primeiro e O Último, O Interior e O Exterior, O Manifesto e O Oculto, sem que isso rompa Sua unicidade.

criaturas; e quando Ibn ʿArabī inicia a segunda parte do *kitāb inšāʾ ad-dawāʾir* com uma classificação dos inexistentes (criaturas) utilizando dez categorias semelhantes às categorias aristotélicas. No entanto, o Elemento Supremo, além do *ʿUqlah al-Mustawfiz*, é muito pouco mencionado em outras obras. De fato, Ibn ʿArabī afirma que fez um pacto de segredo sobre o assunto, o que lhe impede de explicar o modo como toda a criação está com ele associada, como também não conceitua, em definitivo, a terceira coisa. Por outro lado, o termo *ʿunṣur* não é empregado para se referir à Matéria Primeira, mas aparece quando escreve sobre os quatro elementos enquanto estados extremos da matéria. No entanto, o significado básico do termo *ʿunṣur*, em língua árabe, é "origem", referência, portanto, de ordem metafísica. Sob esse ponto de vista, o que podemos inferir da citação anterior é que se trata de uma realidade ainda mais fundamental que o conhecimento/consciência, e

---

Nesse sentido, *wujūd al-muṭlāq* é entendido como *wājib al-wujūd(i)*, O Existente Necessário do qual toda vida emerge e depende, sendo A Vida ela mesma, incondicionada ou indeterminada. No entanto, em função daqueles Nomes correlativos, também é chamado *wājib al-wujūd(a)*, O Ser que requer a Existência, pois Suas expressões aparecem como aspectos Dele dependentes e a Ele vinculadas (*muqayyad*) que são Ele em um aspecto delimitado e não são Ele essencialmente, na medida em que os existentes são expressões criativas de Seus nomes. As criaturas que assim emergem são chamadas existentes por Deus (*wujūd bi-Llāh*) e constituem a existência delimitada (*wujūd muqayyad*), os "locais" de expressão do Vivo presenciados no mundo, que Ibn ʿArabī denota como uma segunda modalidade de existentes vinculada ao Existente Necessário. O vínculo entre esses dois "instantes" e "estâncias" do Real é a Terceira Coisa, nem existente nem não existente.

que Ibn 'Arabī vai relacionar com o mistério do amor/desejo divino. Escreve ele no *'Uqlah al-Mustawfiz*: "O Trono da Vida é o Trono do Desejo (Vontade) supremo, *al-Mašī'ah*, a Sede, a Base da Essência; é o Trono da Seidade (*huwīyya*) sobre o qual Allāh – glorificado seja – disse: "E Seu Trono está assentado sobre a Água" (11:7), atribuindo o Trono a Si Mesmo. Esse Trono está sobre a água porque é o Trono da Vida, pois o mais Excelso declarou: "A partir da Água fizemos todas as coisas viventes" (21:30)".[42]

Note-se, no entanto, que essa "água" não se refere à água tal qual a conhecemos, nem a um dos quatro elementos da cosmologia tradicional,[43] mas ao "movimento amoroso inerente à *mašī'ah*, a Seidade divina segundo o nome essencial *al-Murīd*, pois, nesse mesmo tratado do *'Uqlah*, o aparecimento dos ele-

---

42 Ibid., p.48.

43 Os quatro elementos, fogo, ar, água e terra são estados extremos da matéria, que o físico e estudioso de Ibn 'Arabī Muḥammad Haj Yousef associa com campos quânticos. Para ele, a "água", no caso, equivale ao que se chama hoje de Condensado de Bose-Einstein, conforme explica em seu *Ultimate Symmetry: Fractal Complex-Time, the Incorporeal World and Quantum Gravity (The Single Monad Model of The Cosmos Book 3)*.
Note-se, no entanto, que se trata de uma "correspondência" entre diversos estados metafísicos, pois Ibn 'Arabī escreve a partir de Alcorão 11:7 ("E Seu Trono está assentado sobre a Água"), atribuindo o Trono a Si Mesmo, enquanto fundamento da Seidade (*huwīyya*) divina, de modo que essa "água" que corresponde à Terceira Coisa é uma metáfora para a habilidade da Vida em conceder vida, intrinsecamente ligada à Essência, que, em Si, é incomparável. Ocorre, então, uma equivalência de princípios gerativos em função da unicidade do ser (*wahdāt al-wujūd*), que Haj Yousef entende a partir de diversos planos de simetria.

mentos tradicionais, incluindo o éter (que, igualmente, não deve ser confundido com a "Nuvem", sinônimo de terceira coisa), só ocorre relacionado com o "mundo inferior" onde as realidades se "fixam" no modo material. Há uma progressão de estados, do não manifesto ao manifesto ou do interior ao exterior ou ainda do virtual para o concreto.

Essa "passagem" da expressão divina do nível do afastamento (*tanzīh*) ou independência ao nível da proximidade (*tašbīh*)[44] é descrita como consciência autorreflexiva, ou processo de autorreconhecimento inerente à Essência. Portanto, escreve ele, a "ciência" é de dois tipos, a eterna e a contingente; Allāh conhece a Si mesmo pela ciência eterna, enquanto quer ver a expressão de Seus Belos Nomes (seu "tesouro oculto") em um "objeto" contingente, pois os nomes divinos só são diferenciados uns dos outros na medida em que se expressam em um local de aparecimento, ou seja, em uma criatura que lhe serve de "trono" ou suporte de manifestação. E, apesar da afirmativa: "Allāh era e nada havia com Ele", o nível de afastamento ou independência suprema, Ele conhece as coisas qualificadas pelo estado de não ser através de Sua própria Essência (seidade) – enquanto O Vivente, O Sabedor, O Poderoso, O Desejante, O Vidente, O Ouvinte, O Falante – que tem um valor absoluto. Por outro lado, pelo fato de que Ele também é O Criador

44 Na teologia judaico/cristã esses termos são mencionados como transcendência e imanência, mas Ibn 'Arabī prefere "distanciamento" e "proximidade" ou Majestade e Beleza, ainda que Allāh seja "independente dos mundos", isto é, em Si Absoluto, ou irredutível, e, em função disso, incomparável, enquanto os termos transcendente ou imanente exigem um termo de comparação ou referência.

e O Inovador, há a habilidade de conceder existência, sem que haja uma continuidade espacial ou temporal entre a Seidade e o contingente. E continua:

> Deus – Glória a Ele – pelo fato de ser Sabedor e Desejoso, revela-se por uma revelação de Si Mesmo a Si Mesmo, graças às luzes das Glórias de Sua Face, e os "extasiados de amor"[45] aparecem entre a Majestade e a Beleza.[46] Nesse Mistério oculto, que não pode ser revelado a criatura alguma, Ele cria o Elemento Supremo (*al-Unṣūr al-a'ẓam*); essa criação se dá de uma só vez, sem qualquer ordenamento causal ou meios intermediários, impossíveis em tal caso.[47]

Nesse sentido, cabe voltar à abertura do *Fuṣūṣ*, ao desejo do Real em revelar Seus Belos Nomes. O "Desejoso" (*Al-Murīd*) é um dos sete nomes da Essência e é mais intrínseco ao Vivente (*Al-Ḥay*) que o Conhecimento, já que representa o impulso fundamental da existência, que Ibn 'Arabī associa ao Amor enquanto motivação fundamental de todo e qualquer ato. E explica, também no *Fuṣūṣ*, verbo de Moisés:

---

45 Também chamados de "anjos perdidos de amor", realidades que sequer têm consciência da própria existência de tão imersos no amor divino; veja-se *'Uqlah al-Mustawfiz*, p.52.

46 *Jamal wa jalal* – podem ser considerados como dois grandes polos do Real: *jamal*, A Beleza, o aspecto imanente ou autodesvelamento divino; e *jalal*, A Majestade, o aspecto transcendente ou "independente dos mundos".

47 *'Uqlah al-Mustawfiz (L'Entrae du Parlant – Traité sur l'Homme Universel)*, trad. Max Giraud, Albouraq, 2018, p.38.

O movimento que traz o Cosmos à existência é o movimento do amor. Conforme o Apóstolo de Deus mostrou, no dito: "Eu era um Tesouro Oculto e amei/desejei ser conhecido", se não fosse por esse anseio amoroso o cosmos não se tornaria manifesto. Assim, o movimento da não existência à existência é o amor do Criador para que isso ocorra. E o cosmos anseia contemplar a si mesmo na existência bem como em sua latência. Assim, o movimento da não existência à existência é o movimento do amor, tanto da parte do Real quanto do cosmos.[48]

É esse movimento do amor como fundamento da existência que constitui a "produção dos círculos", que, apesar de visualizada, conceitualmente, em um encadeamento sequencial, independe do espaço-tempo enquanto substrato, pois o aparecimento não é outro senão o desvelamento unificado da forma divina em seus inúmeros aspectos, da qual o ser humano perfeito/completo é a síntese. Desse modo, o "substrato" são os existentes em si através da Terceira Coisa, e esses são continuamente renovados pela instabilidade[49] ou oscilação de seus estados, o que também significa que o universo como um

48 *Fuṣūṣ al-Ḥikam (The Bezels of Wisdom)*, trad. Austin, p.257.

49 Ibn 'Arabī utiliza o termo "infirmes", sua mais próxima conceitualização da relação causa-efeito. A palavra "infirme" traduz *ma'lūl*, que também refere-se a "efeito", ou, mais literalmente, "causado". Ibn 'Arabī evidencia o sentido duplo do termo *'Illa* ("infirmidade" e "causa") para aludir ao fato de que toda criatura é dependente de outros para sua existência, enquanto tudo, de fato, depende do Ser Necessário. A contínua oscilação dos estados e a renovação da criação a cada instante impede que as criaturas tenham qualquer estabilidade ou autonomia.

todo, em sua emergência, tem um caráter discreto, ou seja, não há uma sequência ou continuidade temporal, mas o que Ibn 'Arabī chama de *ḫalq jadīd* (50:15), recriação a cada instante, seguindo a premissa alcorânica de que "a cada dia Ele está em uma nova tarefa (*šā'n*) (55:29)", conforme afirma nas *Futūḥāt*:

> A substância do cosmos, em sua raiz, é una. Nada muda essa realidade. Cada forma que nele ocorre é um acidente (*'arḍ*) que, de fato (*fī nafs al-'amr*),[50] passa por alteração (*istiḥāla*) a cada instante indivisível (*zamān fard*). O Real traz à existência similares (*amṯāl*) perpetuamente (*'ala'l-dawām*), pois Ele é perpetuamente O Criador, enquanto as coisas possíveis, no estado de não existência, possuem o preparo para receber existência (F.III 452.24; SPK, p.97).
>
> A entidade de cada indivíduo é renovada (*tajaddud*) a cada instante, pois o Real é, sempre, o Agente (*fā'il*) da existência nas coisas possíveis. Isto fica evidente pela diversidade das propriedades das entidades em cada estado. A entidade que esteja nesse estado específico não pode ser a mesma que esteja naquele outro estado, pois a passagem e o desaparecimento são testemunhados (F.IV, 320.3).

Isso não significa, no entanto, que em sua *'ayn ṯābita* (seidade, identidade essencial) a coisa deixe de ser o que é, um vazio receptivo cuja configuração específica acolhe determinados aspectos do Real. Esse, sempre criativo, atualiza continuamente Sua forma, o que gera uma nova expressão daquela configu-

50 *Fi nafs al-'amr* – ou seja, pelo alento da ordem (nele inerente), o comando à existência implícito no "desejo" volitivo.

ração a cada instante: ainda que a aparência exterior mude, a realidade constitutiva permanece.

Do mesmo modo O Real, enquanto independente dos mundos, "em Si", é absoluto (*wujūd muṭlaq*), e, enquanto Aquele que conhece a Si Mesmo através das potencialidades de Seus Nomes, é *wājib al-wujūd*, "aquele que requer a existência", pois os efeitos de Seus Nomes só são conhecidos através do aparecimento (iluminação do conhecimento) em seus locais de manifestação. Se o Si mesmo divino permanece independente de qualquer outro, o si mesmo da criatura permanece dependente do Real. Na medida em que os Nomes do Real entificam as formas que lhes são carreadoras, manifestam suas propriedades na existência: O Justo, por exemplo, ocorre somente onde a Justiça seja "inexistente" ou necessária, e é somente nessa condição que a Justiça é reconhecida. A expressão do Nome na emergência da criatura é a atualização de sua realidade. Assim, o Absoluto da existência nunca de fato aparece, enquanto o conhecimento que tem de Si entifica-se nas criaturas através da Terceira Coisa.

A multiplicidade das criaturas, enquanto processo correlativo do encontro Um-Uno, também estabelece outros dois sentidos da força atrativa ou do anseio amoroso que impulsiona o encontro: o Alento do Todo-Poderoso e o Ser Humano completo, ambos expressão da *raḥma*, a Misericórdia Divina. Ibn 'Arabī diz que a potencialidade dos nomes do Real implica a multiplicidade dos "locais de manifestação" dos atos e atributos divinos. Essa potencialidade é a multiplicidade dos inexistentes, que se encontram no oculto (*bāṭin*)[51] da *raḥma* divina.

---

51 *bāṭin*, oculto, da mesma raiz que "ventre" (bāṭn), o que intensifica o sentido matricial (uterino) da palavra *raḥma*.

A palavra *raḥma*, da mesma raiz de "útero", implica um sentido de misericórdia matricial, não exclusivamente associado ao indulto e ao perdão, mas especialmente ligado ao nome *al-Ḥay*, O Vivente, e a *al-Qayyūm*, O Subsistente, como fonte de vida. Escreve o Šayḫ que a *raḥma* divina, assim como o útero, carregado de vida, precisa aliviar seu fardo, dar à luz aquilo que se encontrava oculto. Esse ato de misericórdia ou "matricialidade" em sua explosão vital traz a imagem do Alento do Misericordioso, que é exalado em forma de "Nuvem":[52]

> O Alento do Todo-Misericordioso tornou o cosmos manifesto como propriedade do amor, e para aliviar aquilo que O Amante encontra. Então Ele conhece a Si Mesmo testemunhando o manifesto, e menciona a Si mesmo através do que torna manifesto. Isso é o que foi mencionado sobre a Nuvem em relação ao Senhor antes da criação das criaturas. É a menção do todo-inclusivo e do indiferenciado, e do fato de que todas as palavras do cosmos estão, de modo indiferenciado, no Alento do Misericordioso, ainda que suas diferenciações sejam infinitas. Isso ocorre porque o Alento nutre-se perpetuamente do nome Não Manifesto. Assim o Alento no cosmos é como a respiração de Adão entre os mortais. Como Ele ensinou a Adão todos os nomes (2:31), Ele nos mostra que a nuvem carrega todos os nomes, pois é receptiva às formas das letras e palavras do cosmos (F.II, 399.31; SDG, p.70).

52 Essa imagem tem origem em um *ḥadīṯ* que narra que alguém pergunta ao Profeta Muḥammad: "Onde estava nosso Senhor antes de criar as criaturas?", e esse responde: "Em uma nuvem, acima e abaixo da qual não há ar".

Isso coincide com a noção de Terceira Coisa, "a mais indeterminada das indeterminações",[53] a partir da qual a multiplicidade surge sem que ela mesma se multiplique. A forma global que aparece, o "espelho do cosmos", recebe vida ou "alma" (*nafs* é a mesma palavra usada em *Nafas Ar-Raḥmān*) na forma de Adão, o ser humano completo, capaz de, em sua receptividade, reconhecer seu Senhor justamente porque conhecedor/consciente de Seus Nomes. Em função disso, o Šayḫ afirma que o ser humano é a síntese e a alma do cosmos: recebe seu corpo do cosmos e anima o cosmos com seu conhecimento (consciência).

Adão aqui não tem o sentido de primeiro homem, nem de gênero masculino da espécie humana, mas da consciência capaz de receber todos os nomes da existência. Ibn 'Arabī refere-se a essa realidade como Luz ou Realidade Muḥammadiana, associada ao Profeta Muḥammad enquanto portador da revelação das palavras do Alcorão e que é mencionado, no próprio Alcorão, como uma "Misericórdia para os mundos" (21:107).

O conceito de terceira coisa coincide com a Luz Muḥammadiana, a Nuvem matricial, ou o "vazio" criativo, Alento vivificador que infunde e articula os nomes ou qualidades do Existente nos infinitos "estados" de Sua expressão ou Presença.

---

53 O termo árabe *šay'* traduz literalmente "coisa", ou ainda o sentido de entidade, realidade. É um substantivo de ação, da raiz š.y.', que significa querer, desejar, aquilo que resulta de um ato de vontade, "o lugar metafísico da vontade divina (*mašī'a*), e, por conseguinte, de toda possibilidade. Desse modo implica a mais "indeterminada das indeterminações", (*ankar al-nakirāt*), conforme definição do *Fūṣūṣ al-Ḥikam* (ed. 'Affifī, Cairo, 1946, p.188).

Por "estados" (*aḥwāl; singular, ḥāl*) entende-se as oscilações de consciência e presença, "tudo o que vem de seu Senhor", ou seja, resultantes do movimento da vida e da força atrativa do encontro, o que implica a dinâmica de manifestação dos nomes divinos ou qualidades da vida, e, por outro, no "tempo" de cada coisa como o instante e estância de seu "amor", em função da presença dos Nomes divinos na receptividade de cada *ʿayn*.

A Produção dos Círculos

Na segunda parte do *ʿInša'*, Ibn ʿArabī enfatiza a relação entre os Nomes divinos, constitutivos da Realidade, e coloca a tabela dos nomes na sequência do círculo da Matéria Primeira, já que a terceira coisa está para sempre ligada a *al-Ḥaqq* e reconhece Suas *ḥaqā'iq* (realidades). Esse reconhecimento, de fato, ocorre em *al-Ḥaqq*, pois ela é Seu interior e Seu único "objeto" de conhecimento. Enquanto processo autorreflexivo, a terceira coisa é intrinsecamente O Real como a Realidade das Realidades e, enquanto "objeto" da autorreflexão, aparece como Matéria Primeira, do mesmo modo, por exemplo, que a brancura se expressa em tudo que é qualificado como "branco". Essa "qualificação" segue a presença desse ou daquele nome divino enquanto realidades (determinações) do Real Ele mesmo. Assim, esse processo contínuo de autoconhecimento ou consciência autorreflexiva diferencia o conhecimento do objeto de conhecimento, mas implica, igualmente, correlação e vínculo através do encontro sujeito/objeto de si que, por sua vez, consiste na força atrativa amorosa que é o movimento da vida. Ibn ʿArabī afirma que essa "substância" prima ou "realidade do amor" é a raiz (*aṣl*) da existência, e a raiz de todo existente é existência de Deus. Sem essa raiz[54] não haveriam ramos, tronco, folhas, flores, frutos, e toda a multiplicidade de expressões do Vivo (*sajarat al-kawn*, a árvore do universo). O amor divino, de raiz seminal, associada à semente e ao sêmen, permeia o universo, conforme Ibn 'Arabī escreve no *Fuṣūṣ*: "Se não fosse pela permeação (*sarayān*) de Deus, através de Sua forma (*ṣūra*), em todos os existentes, o universo não teria existência, do mesmo

---

54 Alguns autores vinculados com a filosofia de origem helênica veem essa afirmativa como problemática, já que Ibn 'Arabī afirma que a substância primeira é, em si mesma, Deus imanente, como escreve M. Takeshita: "Parece que Ibn 'Arabī utiliza 'substância' no sentido de Matéria-Prima, frequentemente chamada, pelos teólogos muçulmanos, de raiz (*aṣl*). Em discussões prévias sobre essa terceira entidade, vimos como a Matéria Prima, tomada simultaneamente como a matéria antemundana de Plotino e a matéria inteligível também de Plotino, que é extensivamente idêntica com a Realidade das Realidades, isto é, a *summa genera* Aristotélica. A identificação da matéria inteligível com a substância já aparece em Plotino, e o fato de que Ibn 'Arabī algumas vezes utiliza a frase 'substância hírica' (*jawhar hayūrānī*) no sentido de Matéria-Prima. A segunda dificuldade é o significado da 'existência de Deus', onde ele parece igualar com substância [...] Em nosso ponto de vista, o uso da 'existência de Deus' pode ser adequadamente interpretada somente através da celebrada doutrina da unidade da existência (*waḥdat al-wujūd*) [...] que deve ser entendida assim: somente Deus é, no sentido verdadeiro do termo, existente; e a existência que os contingentes possuem não é outra que a existência de Deus, ainda que limitada e particularizada. Enquanto a existência de Deus, quando imanifesta, seja idêntica com o Existente Absoluto, aparece em cada existente através da limitação (*taqayyud*) e particularização (*ta'ayyun*)". (*An Analysis of Ibn 'Arabi's Inshā' al-dawā'ir with Particular Reference to the Doctrine of the 'Third Entity'*), *Journal of Near Eastern Studies* n.4 (1982), p.242-60.

modo que, se não fosse pelos inteligíveis, as realidades universais, predicação (*ḥukm*) alguma se manifestaria nos existentes concretos (*al-mawjūdāt al-'aynīya*)".[55]

São os nomes, ou as realidades por eles descritas, enquanto expressões diferenciadas da Seidade (*huwīyya*), as "sementes" que germinam as criaturas desde seu estado de vazio existencial à condição de suportes de manifestação dessas diferenciações. Esse processo também identifica, portanto, o vazio receptivo de cada *'ayn ṯābita* com a Terceira Coisa. Desse ponto de vista, toda entidade se estabelece segundo uma forma divina peculiar que só é devidamente completa quando "serve" perfeitamente a seu Senhor, ou seja, quando atualiza na existência o estado de amor seminal que corresponde à expressão perfeita de Seu Senhor a partir da força atrativa amorosa de Seus Nomes.

Isso significa, portanto, que a observação da expressão dos nomes divinos no coração e na vivência de cada criatura é parte fundamental dessa atualização. Para isso, Ibn 'Arabī estabelece uma tabela "didática" simplificada dos nomes divinos, para explicar as diferenças entre os Atributos (qualificações), os Atos divinos e a Essência, que o discípulo deve observar pessoalmente e incluir em uma das três colunas. Cita o exemplo do nome *Rabb*, O Senhor, que significa O Imutável[56] enquanto

55 *Fuṣūṣ al-Ḥikam*, p.55.

56 Interessante notar aqui um dos sentidos do termo *ṯābita*, que de modo direto indica "fixo", constante, estável imutável, e que Ibn 'Arabī associa ao nome O Senhor. Diz ele: "O nome O Senhor (*Rabb*), que significa 'O Imutável' ou O Constante (*Ṯābit*), relaciona-se à Essência". Ora, a "essência", do ponto de vista da entificação, é a "seidade" de cada coisa, do mesmo modo que a Essência diz respeito à *huwīya* do Real. Desse modo, cada coisa, ainda que vazia de

nome essencial, ou seja, refere-se à Seidade; mas, quando esse se apresenta como O Retificador (*Muṣlik*), assume o nome de um Ato divino, e quando significa O Possuidor (*Mālik*), pertence à categoria dos nomes dos Atributos. E conclui:

> Após examinar qual autoridade exerce influência sobre esse mundo, encontramos que os Nomes Mais Belos manifestam-se em tudo que constitui o mundo sem excluir coisa alguma; aparecem (*ḥaṣalat*) nele através de seus efeitos (*āṯār*) e suas propriedades (*aḥkām*), não por suas essências (*ḏawāt*), mas por seus significados (*amṯāl*), não por suas realidades (*ḥaqā'iq*), mas por seus elos sutis (*raqā'iq*). Assim mantemos a Essência Santa em sua santidade e em Sua Pureza.[57]

Os nomes divinos, na condição de "terceira coisa", concedem entidade às criaturas em seus predicados tanto essenciais (em sua "identidade" pessoal) quanto acidentais (sua presença no mundo), além de constituirem o próprio fundamento fenomênico que as constitui. Assim, na segunda sessão do *Inšā'*, à parte O Existente Absoluto (*mawujūd mutlaq*), Ibn 'Arabī começa falando dos inexistentes, ou seja, todo outro que Allāh, pois tudo Dele depende para receber existência ou "expressão", que, do ponto de vista do mundo, equivale à emergência concreta. Esses inexistentes, no entanto, mesmo em seu estado de

---

ser, possui uma determinação ou "identidade" única e particular que é vivificada pela presença de seu Senhor, uma configuração específica dos nomes divinos segundo o vazio receptivo específico de cada coisa.

57 *Inšā' ad-dawaī'r* (p.102 desta tradução).

não manifestação, em seu vazio receptivo, são sencientes, capazes de ouvir e receber o comando à existência. Dentre esses, o Šayḫ especifica três categorias:

1. Os inexistentes imateriais (*ma'dumāt mujarrad 'an al-mādda*), que são as inteligências separadas (*'uqūl mufāraqa*) suscetíveis de receber uma configuração (*taškīl*) e representação (*taṣwīr*) e que possuem *raqā'iq*, filamentos ou elos de influência derivadas dos Nomes divinos que unificam todas as coisas. São os anjos e os jinn (gênios, demônios);
2. Aqueles inexistentes que são passíveis de espacialização (*tahayyuz*) e localização (*makān*), tal como os corpos celestes, os corpos físicos e as substâncias indivisíveis;
3. Aqueles que não são passíveis de espacialização e não se manifestam por eles mesmos, mas aderem a outros, como os acidentes (*a'rāḍ*), como, por exemplo, as cores;
4. Aqueles relacionais, que são produtos desses acima mencionados, como o local, qualidade, tempo, número, dimensão, relação, posição, ação e paixão. Note-se que dentre esses, considerando-se as categorias aristotélicas que foram assimiladas pelos filósofos muçulmanos, a exemplo de Ibn Sīnā, o Šayḫ não menciona o estado (*ḥāl*), que, para ele, é inerente ao movimento da vida (como decorrentes do amor, a Terceira Coisa enquanto energia atrativa).

Podemos comparar a produção dos círculos descrita no *Inšā'* com aquela do *'Uqlah al-mustawfiz* onde Ibn 'Arabī se detém sobre esse processo de modo mais "ordenado", conforme ele mesmo intitula o poema que abre esse livro: "Poema sobre os temas desse livro sobre o ordenamento e a hierarquia dos estados dos mundos superior e inferior".[58] De modo sucinto, a partir do Elemento Supremo, segue-se o aparecimento do Cálamo ou Primeiro Intelecto e, após esse, em sequência, A Tábua Preservada (Alma Universal), a Poeira Primordial (Substância, Matéria Primeira), os Corpos, o Trono, o Pedestal e os mundos que se acham entre cada uma dessas circunferências. Segundo ele, "Em cada uma das esferas e em cada um dos elementos há um mundo que corresponde especificamente à esfera, ao elemento e à natureza em questão. Este mundo é constituído pelos habitantes que 'nele vivem e proclamam a Glória de Deus, noite e dia sem cessar' (21:20)".[59] Os mundos intermediários, que servem como uma barreira entre diferentes estados, são istmos. De modo global, Ibn 'Arabī afirma que o *Barzaḫ*, o istmo, é o maior dos mundos, pois podemos considerar todo "outro que Allāh", ou seja, todo estado manifesto, como um istmo entre a Seidade em Si, o Absoluto (*wujūd al-muṭlaq*) ou "distante" *ṭanzīh*, e o Conhecimento de Si, (*wājib al-wujūd*),[60] o "próximo" (*ṭašbī'*).

Nesse esquema, Ibn 'Arabī segue a terminologia do Alcorão, em uma gradação do imanifesto ou dos inexistentes ao manifesto. Nessa linha de compreensão, podemos considerar o Trono do Todo-Misericordioso, em ressonância com a Essência do ponto de vista do Vidente, do Ouvinte e do Falante,

---

58 Veja-se *'Uqlah al-mustawfiz* (*Traité sur L'Homme Universel*), trad. Max Giraud, Albouraq, p.27.

59 Idem, p.62.

60 O Ser Necessário que, conhecendo-Se, desvela Suas realidades e constitui Aquele que requer a existência.

como um estado metafísico da matéria, correspondente à Poeira Primordial, *al-Habā'*, ou a Substância Primeira, a partir do nome divino O Exterior (*al-Zāhir*). De acordo com o Šayḫ, esse Trono ("local de assentamento") reúne os quatro existenciados, isto é, a Natureza, a Poeira Primordial, os Corpos e a Esfera: "A primeira forma que (a Substância Primeira) recebeu foi a forma do Corpo, constituída pela altura, largura e profundidade e é nesse estado que a Natureza apareceu. Ela tem a altura do Intelecto, a largura da Alma e a profundidade do vazio, que chega até o ponto de fixação final: esse Corpo universal, incluindo essas três realidades, é de natureza ternária".[61] É nesse Trono que, metaforicamente, o Divino assenta-Se, pois "Ele chega até nós segundo Sua Natureza".

Em seguida, o Trono Generoso, formado pelo Pedestal, o local dos "dois pés" ou dos processos correlativos, a partir dos quais são produzidos "os fenômenos extraordinários no mundo elementar, como as rupturas da causalidade ordinária, de modo geral, fenômenos estranhos dos quais não se conhece a origem", tal como a magia através da imaginação e o mundo dos milagres operados pelos santos e profetas, que constituem as duas "esferas" desse Trono. A Poeira universal está entre essas duas esferas, e, como a terceira coisa, não é qualificada nem pela existência nem pela não existência, mas aparece em sua integralidade através da emergência dos existentes, de modo que nada lhe é alheio, mas não se reduz a esses.

Na *Futūḥāt al-Makkīyya* elabora um pouco mais sobre a formação dos círculos, em especial no capítulo 198, sobre o Alento do Todo-Misericordioso, e também nos capítulos 47 a 49, e

61 Ibid., p.58.

59 e 60. No capítulo 47 ele também desenha outro diagrama[62] representando a inter-relação entre as espécies e as criaturas. Sobre esse "segredo divino" afirma:

> Está claro que cada partícula do universo é capaz de ser a causa para a existência de outro universo exatamente como ela, nem mais completo nem mais perfeito que ela, e assim indefinidamente. A circunferência de um círculo é composta de pontos contíguos em espaços contíguos; entre esses dois espaços não há um terceiro. Não há um terceiro ponto entre dois pontos hipotéticos marcados no círculo, nem dois pontos reais, pois não há espaço entre eles. Cada ponto é capaz de ser uma circunferência como ele mesmo e a propriedade dessa próxima circunferência é a mesma da primeira, e assim indefinidamente.
>
> O ponto final no universo é um produto final, mas o último fim do universo não é um produto final – tal como o outro mundo, está sempre sendo criado a partir do universo. Eles dizem, nos Jardins, a cada coisa que desejam: "seja!" e ela é. E assim que eles imaginem algo, ou que um pensamento lhes ocorra, esse vem à existência diante deles.[63]

---

62 São vários os diagramas desenhados nas *Futūḥāt*. Pode-se consultar: Sameh Akkah, *Cosmology and Architecture in Premodern Islam: An Architectural Reading of Mystical Ideas* (Suny Series in Islam), 2006; *Mapping the Unseen: Ibn al-'Arabī's Maps in Chapter 371 of al-Futūḥāt al-Makkiyya, Journal of Sufi Studies* 12, 2023, p.1-64; Ali Hussein, *The Art of Ibn Al-Arabi: A Collection of 19 Diagrams from the Greatest Master of Sufism*, 2019; Fernando Mora, *Los Círculos de la Existencia: Diagramas de Ibn 'Arabī en el capítulo 317 de al-Futūḥāt al-Makkīyya*, *El Azufre Rojo*, n.12, 2024.

63 *Futūḥāt al-Makkīyya* (*The Openings Revealed in Makkah*), capítulo 47, trad. Eric Winkel, ed. Oceans Within, 2023, p.85.

Ibn 'Arabī fala, portanto, da produção dos círculos, como infinitos dentro de infinitos. Essa imagem é a imagem perfeita de Adão, a imagem que sintetiza sua receptividade à totalidade dos nomes, que, de fato, nunca se totaliza, pois, segundo o Šayḫ, "não há nada mais perfeito que a imagem, que é a Presença Divina".[64] Isso também coincide com um *ḥadīṯ* que Ibn 'Arabī seguidamente repete e que afirma que os caminhos para Deus são tantos quantos os alentos de Suas criaturas e, em cada alento, há a preponderância de um nome divino. É por isso, diz ele, que apresentou a tabela dos nomes divinos logo após o círculo da matéria primeira:

> O Real está, para sempre, intimamente com ela conectado. E, ainda que as coisas não possuam existência em sua entidade, Ele as conhece através da Matéria Primeira, pois, mesmo que essa não tenha existência concreta, engloba tudo. O Real é, para sempre, por ela Exterior (*ẓāhir*) e ela é, para Ele, interior (*bāṭin*), sendo um atributo pela ciência, de modo que, sem ela, nada é conhecido. E, mesmo que a ciência não seja distinta dela, ela não é a ciência; pois a ciência faz parte dela sob a jurisdição da "qualidade de ser cognoscente" (*al-ā'limīyya*) e essa qualidade não é a ciência, mas nela se manifesta sob a jurisdição da realidade essencial. Ela não é o cosmos, porque o cosmos enquanto tal é produzido por ela, mas ela não é produzida por ele. No entanto, ela manifesta-se através dele de modo efetivo. Por isso colocamos a existência de Deus, o Real, e a tabela dos nomes divinos em correspondência com o que há do maior dos mundos (*'awālim*),

64 Ibid., p.86.

> pois a existência do Real se expõe através dos nomes enquanto fundamento (*mustanad*) dos Atos, já que não há um modo de conceber mentalmente a Essência sem que a alma tenha algo em que se basear e essa é a função dos nomes. Precisamos, portanto, atualizá-los em nós mesmos.[65]

A partir desse ponto, Ibn 'Arabī dedica todo o restante do *Inšā'* ao tema dos nomes divinos, já que o ser humano completo, *al-insān al-kāmil*, possui também o estatuto da Terceira Coisa exatamente por essa receptividade à totalidade dos nomes, e é universal por excelência. Essa universalidade o diferencia, pois, enquanto o cosmos e todas as demais criaturas não podem contrariar as qualidades divinas que os constituem e são, portanto, servos perfeitos, o ser humano possui, em sua perfeição, dois aspectos: tem uma face voltada para O Real, enquanto servo, e outra voltada para o mundo, enquanto senhor: é um istmo, um *barzāḫ* que, tal como a linha imaginária que separa a luz da sombra, está entre dois extremos, de modo que na existência, diz Ibn 'Arabī, encontramos tanto Muḥammad quanto Abū Jahl, seu tio, conhecido por sua tirania, tanto Moisés quanto o Faraó.

Essa condição peculiar faz o ser humano oscilar entre esses dois extremos, ora servindo a seu Senhor e ora servindo a seu próprio eu "mortal" (*bašarī*), sua face voltada para o mundo. Além disso, enquanto istmo ou o intermediário, está sujeito ao mundo imaginal, onde a imaginação criadora tem seu domínio, de modo que, se voltar a face a seu Senhor, sua habili-

---

65 *Inšā' ad.dawaīr* (p.100 desta tradução).

dade em gerar imagens reflete a Verdade a esse inerente, e, se voltar a face para o mundo, a partir da delimitação de seu eu mortal, constrói crenças imaginárias que deturpam a manifestação do Real que lhe é confiada a expressar. Em função disso, Ibn ʿArabī afirma que o mais pesado dos véus que encobrem o reconhecimento do Senhor é precisamente o eu mortal. A falta de autoconhecimento leva à idolatria do eu como realidade absoluta, quando, de fato, trata-se de uma realidade relacional em função da sua condição *barzāḫī* e dos elos sutis (*raqā'iq*) que o conectam com todas as outras criaturas. Por exemplo, se o nome O Generoso for o Senhor de uma determinada criatura, a Generosidade divina chega ao mundo através dela, e tanto pode ser expressa de modo pleno, como o mais belo dos atos, quanto pode ser distorcida em intensa mesquinhez, através da identificação dessa criatura com seu próprio eu mortal. Temos, então, nesse segundo caso, Faraó e Abū Jahl. Voltar a face para o Senhor e reconhecer Sua presença constitui o caminho da "realização" da criatura, onde ela se torna Real em função do Real. Isso não ocorre, no entanto, sem a vivência imersiva do vazio pleno de sua realidade essencial, o "oceano sem praia alguma"[66] que é a própria Terceira Coisa.

Nesse sentido, o esforço do Šayḫ em desenhar os círculos e tabelas é orientar seus discípulos a observar a Presença que

---

66 Frase inicial de um poema de Ibn ʿArabī que aparece no *Kitāb ʿAnq'â mugrib*. Veja-se: *Islamic Sainthood in the Fullness of Time – Ibn al-Arabī 's Book of the Fabulous Gryphon*. Tradução de Gerald T. Elmore, Brill, 1999, p.319. A imagem do oceano sem praia (*bahrm layura šattu-hu*) é empregada para se referir à unicidade divina e à experiência imersiva da dissolução (*fāna'*) do ego.

se manifesta por detrás da oscilação de seus estados interiores e suas circunstâncias exteriores, de seus instantes e de suas estâncias. É isso que ele descreve, em sua experiência pessoal, quando afirma: "Meu coração se tornou capaz de assumir todas as formas",[67] a presença do Amor fundamental, movimento de toda vida, o segredo do mistério divino.

67 Tradução de Pablo Benedito, *La Taberna de las Luces: Antología de la poesía sufí de al-Andalus y el Magreb (del siglo XII al siglo XX)*, Murcia: 2004. Editora regional, poema XXXI.

A produção dos círculos e tabelas (Inšā' ad-dawā'ir wa-l-jadāwil)

Em nome de Deus, O Misericordioso, O Misericordiador.

Todo Louvor a Deus, que criou o Homem de acordo com Sua forma e permitiu-lhe conhecer Seu Segredo. Deus fez da semelhança e da evidência duas premissas para validar o conhecimento: ora o homem é comparado aos graus de Sua Essência e Atributos e ora aos graus de Suas criaturas.

Que o influxo de Sua Graça descenda sobre o Profeta,[1] que reúne as duas premissas face a face com a Presença do sempre existente, ele (o Profeta), luz do véu "Nada se assemelha a Ele" (42:11), resplandescente e sem sombra alguma.[2] Esta é a Realidade das realidades e a Produção primordial explícita segundo as formas do Criador e das criaturas, tanto em rela-

1 Profeta: o Profeta Muḥammad.

2 Podemos entender aqui como Ibn 'Arabī considera o Profeta ou a Luz Muḥammadiana como expressão da "forma divina", ou da "Realidade das realidades", que é uma das definições da "terceira coisa".

ção à Realidade essencial do Nome e dos Atributos quanto das criaturas: Muḥammad – que o influxo divino da Graça e da Paz descendam sobre ele, sobre sua família e companheiros, o enobreçam, congratulem e honrem.

* * *

E, ainda: quando Deus – Glorificado seja – me fez conhecer as realidades das coisas tais como elas são em sua essência e me fez compreender, pelo desvelamento, as realidades de suas relações e de suas correlações, quis sintetizar essas realidades sob a forma de uma representação sensível para que meu amigo 'Abd Allāh Badr al-Habašī[3] a elas tivesse acesso, e para esclarecer aqueles cuja vidência está fragilizada e o brilho vivo de sua fonte (*'ayn*)[4] não orbita nessas esferas. Essas realidades

3 'Abd Allāh Badr al-Habašī, de origem etíope, encontrou-se com Ibn 'Arabī em Fes (Marrocos) em 1198 e o acompanhou por 23 anos, até falecer em 1221. Ibn 'Arabī dedica-lhe igualmente alguns outros tratados, como o *Mawāqi' an-Nujūm* (O Poente das Estrelas) e o *Hilyat al-'Abdāl* (O Ornamento dos Substitutos). Escreveu uma obra em que narra os ensinamentos orais recebidos de Ibn 'Arabī, *Kitāb al-inbāh 'alā ṯarīq Allāh* (O Despertar ao Caminho Divino). Ibn 'Arabī escreveu sobre Habašī: "Quanto a meu companheiro, ele é de uma claridade sem mistura, uma luz pura, abissínio, chamado 'AbdAllāh; é como uma lua cheia (*badr*) sem eclipse. Reconhece o direito de cada um e o concede. Atribui a cada um o seu direito sem o ultrapassar. Foi purificado na fusão (*sabk*), como o ouro puro. Sua palavra é verdadeira e a sua promessa é verídica" (*Futūḥāt al-Makkīyya*, ed. Osman Yahya, t.I, p.72).

4 *'Ayn* – palavra fundamental no vocabulário técnico de Ibn 'Arabī; tem o sentido de olho, fonte, entidade, e indica o que uma coisa é, sua "ipseidade", identidade essencial ou seidade. São os suportes

lhes aparecerão claramente, segundo seus níveis na existência (*wujūd*) – a partir da nobreza que os constituem e em função da qual os anjos dão prova de humildade e se prosternam diante deles. E, se o Anjo, honrado e nobre,[5] prosterna-se diante deles, quanto mais a comunidade inferior e imperfeita?

Não consideras o propósito divino a esse respeito, "E vos submeteu tudo o que existe nos céus e na terra, pois tudo Dele emana" (45:13), que colocou o mundo inteiro sob a tutela deste ser humano eminente? Não existem comunidades superiores que se elevem senão através de ti, e não existem comunidades inferiores que não se submetam a ti. Elas pedem perdão por ti, fazem a Graça descer sobre ti e um Anjo da Paz intercede por ti junto ao Real – glorificado seja Ele.

Se o Senhor, O Verdadeiro, faz descer Sua Graça sobre ti,[6] que dizer de Seus Anjos? E se Ele te considera, quanto mais Suas criaturas? Não há fruto ou favor que cheguem à sua completude sem que te supliquem humildemente para te entregarem aquilo que o Real neles colocou para ti. Em tudo o que existe não se encontra Realidade alguma, ainda que ínfima (*daqīqa*), sem que um elo sutil (*raqīq*) se estabeleça entre essa e ti, e entre ti e essa; o número desses elos sutis equivale

---

do desvelamento ou manifestação divina. O termo *'ayn ṯābita* indica um vazio principial com uma configuração específica a cada criatura, conhecida por Deus, que lhes concede existência no mundo segundo suas próprias pré-disposições (*isti'dadāt*), ou seja, de acordo com sua receptividade aos Nomes Divinos.

5 Anjo honrado e nobre: o anjo Gabriel.

6 Referência ao Alcorão 33:43 – "Ele é Quem vos abençoa, assim como (fazem) os Seus anjos, para tirar-vos das trevas e levar-vos para a luz; sabei que Ele é Misericordioso para com os crentes".

àquele das Realidades essenciais (*ḥaqā'iq*) e das ínfimas (*adiqah*, singular, *daqīq*).

Se o Ser Humano não existisse segundo "A mais bela das constituições" (95:4) e não fosse talhado segundo a forma do Sempre Existente, e Eva não tivesse saído de sua costela menor, Ele não o teria fixado nem testemunharia Seu amor, e criatura alguma apareceria a partir dele, o Reino (*mulk*) não lhe pertenceria, não se manifestaria na estação resplandescente (*al-mawqif al-aġla*), os anjos não inclinariam suas faces diante dele (20:111) e os corpos das esferas celestes não girariam segundo seu alento (*nafas*).[7]

Ó Homem, sê grato a Deus pela perfeição desta investidura (*nisba*),[8] com a qual o Generoso, o Misericordioso, te privilegiou, e por Sua instrução sobre os significados das Realidades desta relação (*nisba*). Assim, observa atentamente tua exis-

7 "Os corpos das esferas celestes não orbitariam segundo seu alento (*nafas*)", ou seja, segundo a presença de sua realidade essencial, criada de acordo com a forma divina. Com isso Ibn 'Arabī afirma que toda a existência orbita ao redor do Ser Humano Completo, *al-insān al-kāmil*, ou seja, a Realidade Muḥammadiana, síntese da existência.

8 *Nisba* ou *nusba* é um termo empregado por Ibn 'Arabī como equivalente a *waḍ'*, que indica aquilo que é estabelecido, fixado, ou ainda uma "posição axial" (como o Califado), posição ereta, investidura. Acredita-se que, como Ibn 'Arabī condicionou, no parágrafo anterior, a condição adâmica (bem como a de Ser Humano Completo) à saída de Eva a partir da costela de Adão como uma investidura do Amor divino – pois ele também menciona, em outra obra sua, que a curvatura da costela é sua inclinação ao coração e o Alcorão menciona Eva como aquela que "fixa" a infirmidade de Adão, torna-o completo –, Eva é sinal, testemunha e Investidura (*nisba*) do amor.

tência e onde se situa teu grau (*martab*) no que diz respeito a teu Adorado e distingue entre aquilo que tu és e tua condição de servidor. Se conseguires isso, te assentarás com o Todo--Misericordioso (*istiwā' raḥmānī*) e estarás atento à mensagem senhorial (*'anbā' rabbānī*).[9]

Eu te explico tudo isso claramente nesse livro que intitulei: "*A produção dos Círculos abrangendo a correspondência entre o Homem, o Criador e as criaturas, segundo as relações entre as formas sensíveis e inteligíveis bem como segundo os atributos das criaturas e o descenso das realidades essenciais sobre o homem através de canais dos elos sutis (anabīb ar-raqā'iq)*". Elaborei tabelas, estabeleci comparações e expliquei o que faz do homem um ser humano dotado de fé e de boa conduta, para facilitar a compreensão e conduzir ao conhecimento.

Àquele que deu existência aos seres pedimos ajuda e assistência, por Sua Graça e Generosidade.

---

9 Isso equivale a dizer que o servo, o Ser Humano Completo, se estabelece em relação a seu Senhor no "Trono" de seu coração, onde descem as Presenças das Realidades divinas. *Istiwā'*, sentar-se, estabelecer-se, é referência ao Alcorão (20:5) – O Clemente estabelecido sobre o Trono. Ibn 'Arabī escreve que *istiwā'* significa "residir, estabelecer-se" (*istiqrār*), "fazer-se mestre de" (*istīlā'*). E, como assentar-se refere-se ao Trono divino, não é possível se fazer "mestre" do divino, mas sim "residir" com ele. E acrescenta: "Similaridade ocorre através do 'sentar-se'... E sentar-se é uma realidade inteligível, uma realidade suprassensível que pode ser atribuía a cada essência de acordo com a realidade que aquela essência provê" (F.II, 224.3; SPK, p.73). Indica, portanto, a reciprocidade servo-Senhor que se estabelece no coração enquanto centro da Presença essencial.

FAṢL I
(Sessão I)

Saibam – e que Deus te assista na obediência que Lhe é devida e te coloque entre aqueles que, através de Sua Misericórdia, chegam a conhecê-Lo – que o objetivo desse livro é situar o grau do ser humano na existência e sua estação na Presença da Generosidade, sua aparição (*burūz*) em sua *'ayn*[10] após seu ocultamento (*ġayb*), e saber se ele estava qualificado por um estado (*ḥāl*) antes de sua geração (*kawn*); e se, entre a existência (*wujūd*)[11] e a não existência (*'adam*), podemos encontrar algo qualificado por essas duas noções.

Redigi esta sessão com a intenção de esclarecer esta questão e dar acesso ao conhecimento que ela contém. Em seguida, se

10 Vamos manter esse termo em árabe em função da amplitude de seus significados, conforme estudo anexo.

11 *Wujūd*, conceito fundamental na obra de Ibn 'Arabī. Tradicionalmente traduzido ora por "ser", ora por "existência", advém da raiz w.j.d, com o seu sentido de encontrar/ser encontrado, o encontro entre a criatura, dependente de Deus para sua existência, e o Divino, ou o Ser Necessário. Ibn 'Arabī usa o termo *wujūd* como sinônimo de *al-Ḥaqq*, O Real, O Verdadeiro, um dos nomes de Deus citado no Alcorão.

Deus quiser, desenharemos círculos e tabelas e traçaremos as ligações entre os elos sutis, explicaremos as raízes (*uṣūl*) e os ramos secundários (*furū'*), distinguiremos aquilo que é diferenciado (*mafrūq*) do indiferenciado (*majmū'*), os nomes aos quais se associam, situaremos a Terra e o Céu no Homem, as modalidades (*kayfiyyāt*) dos desvelamentos (*tajalliyāt*) e sua ordem (*tartīb*) em função das estações (*maqāmāt*).

Tudo isso e outras questões semelhantes encontram-se nos diversos capítulos desse tratado, ilustrado de modo prático com figuras que facilitam a assimilação do assunto pelo aspirante ao conhecimento e o ajudam a conceber os significados em seu espírito, de modo incorporado (*mutajassada*), fixando-os através de sua atualização pela tipificação imaginal (*ḫayāl*). Assim o leitor será motivado a levar a cabo sua investigação a fim de compreender a totalidade desses conceitos, pois, quando o significado é introduzido no molde da representação, a esse une-se a percepção sensorial, transformando-o em um espetáculo (*firja*) a ser contemplado, e isso o induz a verificar aquilo que estabeleceu a figura e incorporou aquela forma. Para isso elaboramos as tabelas e as representações formais.

* * *

Saiba que a existência (*wujūd*) e a não existência (*'adam*) não são sobrepostas àquilo que existe e àquilo que não existe, mas próprias dos existentes (*mawjudāt*) e dos não existentes (*ma'dumīn*) neles mesmos. A faculdade especulativa (*wahm*) imagina que a existência e a não existência são dois atributos que se referem ao existente e ao não existente, como uma morada em que o existente e o não existente entrariam. Por esse motivo diz-se que uma coisa, anteriormente não existente, entra na existência; mas os habilidosos (*mu'tazilīn*)[12] sabem que a coisa existia em sua *'ayn*.[13] A existência e a não existência apenas afirmam ou negam a coisa em sua *'ayn*. Quando ela é afirmada e negada é possível atribuir-lhe, simultaneamente, sob aspectos diferentes, a existência e a não existência, em função de uma relação de correlação: por exemplo, Zayd, que existe em sua entidade, é um existente (*mawjūd*) no mercado e inexistente (*ma'dūm*) em sua casa. Se a existência e a não existência fossem qualificações atribuíveis (*awṣāf*) aos existentes, como a negrura e a brancura, seria impossível qualificar Zayd simultaneamente por elas, pois, se fosse não existente não poderia existir, do mesmo modo que se fosse negro não seria branco. Sabe-se, no entanto, que uma coisa pode ser qualificada como existente e inexistente ao mesmo tempo, mas sob aspectos diferentes. Trata-se, então, de uma existência e de uma inexistência relativa (*iḍāfīya*), independentemente da fixidez (*ṯubūt*)[14] de sua *'ayn*.

---

12 "Habilidosos" quanto ao discernimento. Em torno do século X, o termo *al-mu'tazilah* começou a ser atribuído a uma escola específica da teologia (*kalām*) especulativa islâmica fundada por Wāṣil Ibn 'Atā'. Era marcada por uma abordagem racionalista parcialmente ancorada na filosofia Grega e tinha como princípios fundamentais a unicidade (*tawḥīd*), a justiça divina (*al-'Adl*), o livre-arbítrio, e considerava o Alcorão enquanto realidade criada (e não como palavra eterna). Por discordarem das abordagens de outras escolas de teologia, os componentes desta escola se afastaram e se isolaram (*i'tazalu*) das outras escolas, e, por isto, passaram a ser chamados de Mu'tazilitas.

13 Simultaneamente identidade e entidade, que em si são inexistentes, não manifestas, os "locais" ou "suportes" do desvelamento divino; fonte, olho, a coisa em si em sua ipseidade, identidade ou "seidade".

14 Para entender essa afirmativa precisamos ter em mente o conceito de *'ayn ṯābita*. Literalmente podemos traduzir o termo por "entidade

Se é correto afirmar que a existência não é somente uma qualidade que subsiste em um objeto sensível ou inteligível por ela qualificado (*mawṣūf*), independentemente de qualquer relação, devemos manter, de modo geral, que ela entra no domínio das correlações, como o oriente e o ocidente, a direita e a esquerda, o anterior e o posterior, e, nesse caso, não há algo que seja descrito de um modo à exclusão de outro. Se alguém questionasse: "Seria possível que algo não existente em sua *'ayn* seja caracterizado pela existência em um certo mundo ou segundo uma relação, e existente e não existente em sua *'ayn*, segundo uma outra relação?". Responderíamos: sim, cada coisa pode aparecer na existência relativa segundo quatro modalidades (*marātib*), à exceção de Allāh, Glorificado seja, que só apresenta três modalidades correlativas a nós.

A primeira modalidade é a existência da coisa em sua *'ayn ṯābita*. Esse modo é o segundo em relação à Ciência que Allāh, o Real, possui das realidades adventícias (*muḥdaṯa*);

A segunda modalidade é a existência da coisa no conhecimento que dela temos;[15] essa modalidade é a primeira, consi-

fixa". Acreditamos que o modo mais integrado de entendimento é "identidade constante" ou "identidade essencial", isto é, a seidade (o em si) de cada coisa, aquilo que a coisa é nela mesma, que para Ibn 'Arabī significa um "local" vazio de ser, cuja configuração é delimitada e específica para cada entidade e que "encontra" ser (*wujūd*) de acordo com essa configuração essencial básica.

15 Ibn 'Arabī trata aqui as modalidades da existência a partir da Ciência das Letras (*'ilm al-ḥurūf*), onde a palavra criativa (*Kun*!, seja!) possui três instâncias: na evocação, ou seja, no plano imaginal/mental, na forma escrita e na fala. Veja-se *Futūḥāt al-Makkīyya*, capítulo II ou a tradução de Eric Winkel em *Cosmography*, p.128: "Quanto ao conhecimento das letras e dos nomes, ocorrem em três grupos, as

derando-se a Ciência que o Real – Glorificado seja – possui de nós;

A terceira modalidade é a existência da coisa nos vocábulos (*alfāẓ*);[16]

A quarta é a existência da coisa na escritura (*ruqūm*).[17]

A existência de Deus, o Real (*wujūd Allāh al-Ḥaqq*) – Glorificado seja –, apresenta-se ao nosso conhecimento segundo essas três modalidades, exceto a do conhecimento que Dele temos. Esta é a percepção (*idrāk*) que podemos ter agora, e não sei se, quando ocorrer a visão sensível (*al-mu'āyana al-baṣarīyya*), o que se atualizará em nossa alma será uma ciência afirmativa (*iṯbāt*) prevista pela Lei sagrada ou uma evidência complementar ao conhecimento do Divino – Glória a Ele – que temos hoje. Se isso não se confirmar, Deus não será conhecido a não ser por essas três modalidades. E, se o que a Lei afirma se confirme,

---

letras escritas, verbalizadas e *mustaḥḍarah* (evocadas), conforme os humanos as evocam através da imaginação e no reino imaginal, onde assumem uma forma".

16 Isto é, a partir da sua existência em um modo linguístico. Esse modo não é apenas um conhecimento intelectual do vocábulo, mas uma articulação da Palavra divina na existência, onde cada coisa aparece segundo um modo substantivo, adjetivo e verbal. Já o modo escriturário, a escritura do mundo, relaciona-se ao Livro cósmico. Essa expressão possui, portanto, um sentido associado à Revelação (Alcorão) e um sentido metafísico. Remetemos o leitor ao estudo anexo.

17 A ocorrência da letra no modo escrito relaciona-se tanto à palavra divina no Alcorão, quanto à existência concreta de cada criatura no mundo. Há, portanto, uma interrelação entre a alma humana, o mundo e o Alcorão, os três livros onde a existência se inscreve. O termo *Ruqūm* – cifra, número, sinal, marca – significa aqui a forma escrita de cada letra.

para aquele que for agraciado por essa confirmação, seja na visão da última morada ou na visão sensível, poderemos caracterizá-Lo com a quarta modalidade. Perceba bem essa alusão em relação ao nosso conhecimento de Deus – Glória a Ele –, pois nos será útil.

No mais, essas modalidades, em relação a nós, são, como haveremos de expor, precedentes da existência de *'ayn*, ou da existência daquilo que possua afinidade com ela ou da existência de elementos que a compõem e que estão em estado disperso (*mubaddada*), não unificados uns com os outros, segundo uma forma que alguém consciente possa imaginar. Tudo isto faz necessariamente parte da sua anterioridade como um dos seus elementos.

Além disso, para nós, a existência dessa realidade concreta é evidenciada pelo conhecimento que dela temos e pela forma como a concebemos. Para o Real, o conhecimento de uma coisa é anterior à sua realidade concreta, fora do Tempo. Em relação a Allāh, a Ciência que Ele possui de *'ayn* precede seu estado adventício (*muḥdaṯ*) e é anterior à existência da coisa em sua realidade concreta, ainda que isso seja um mistério (*sirr*) que tentaremos explicar, se Deus quiser!

Haveremos de mostrar que, para O Real, a existência de *'ayn* é anterior à existência do conhecimento dessa modalidade e a esse corresponde eternamente na Existência e não quanto a suas realidades adventícias. No que se refere à Criação (*ḫalq*), explicaremos que a compreensão (*idrāk*) que o Real possui de um existente em sua entidade em um modo detalhado (*tafṣīlan*) implica, para esse existente, um estado (*ḥāl*) particular, em relação a um comando (*'amr*) que em si não é caracterizado nem pela existência nem pela não existência, ainda que a entidade em si mesma não possua existência.[18]

Retornemos agora à explicação das quatro modalidades mencionadas anteriormente: se pronunciarmos o nome Zayd, compreendemos o que esse vocábulo significa; ou se escrevemos em uma folha de papel o nome Zayd, conhecemos o que significa; se Zayd aparece (pessoalmente) em sua entidade, sabemos quem ele é; e, ainda, se inteligirmos/evocarmos a figura de Zayd, mesmo que ele não esteja presente, seu significado é compreensível.

Assim, nesses quatro exemplos, trata-se de um único significado, a existência de Zayd segundo o conhecimento que dele temos, e não há outra possibilidade de designar Zayd além destas. Toda coisa duradoura ou adventícia não deixa de estar submissa a uma dessas modalidades ou a todas elas. Sendo assim, e isso confirmando-se como verdadeiro e estabelecido, dizemos que o ser humano é simultaneamente permanente e renovado (*muḥdaṯ*), existente e não existente.

18 Para Ibn 'Arabī o conhecimento que o Real possui de algo precede a atualização desse algo no tempo histórico. Como toda entidade não possui ser por si mesma e depende do Real para sua entificação, o conhecimento que o Real possui dela refere-se à receptividade dessa entidade ao ser enquanto um "local" vazio de acordo com seu preparo ou sua configuração constante – sua "identidade" –, *'ayn ṯābita*. Portanto, a coisa em si só entra para existência enquanto receptividade à correlação com os Nomes do Real que é capaz de atualizar segundo sua configuração específica e que constitui sua determinação peculiar. Sua atualização, a entidade concreta, depende de *'amr*, termo entendido tanto como imperativo ou comando divino à existência, quanto à "coisa" toda (desejada segundo irāda, a vontade divina).

Quando dizemos que é *qadīm*,[19] antigo, é porque subsiste na ciência duradoura, nela representado para sempre. Essa modalidade de existentes é uma das já mencionadas. E quando dizemos que é renovado, indica que sua figura e sua entidade, que não eram, passam a ser. Conclui-se, com esse exemplo, que Zayd é existente na ciência, existente no discurso e não subsiste em sua entificação.[20] Portanto, podemos conceber que ele seja eternamente qualificado pela existência e pela não existência. E disso resulta que a existência não é um atributo do existenciado.

Isto reconhecido, não nos restará senão considerar que o conhecimento é correlativo ou com o existente ou com o não existente. Mas não teremos certeza antes de entendermos o que é a ciência e enquanto ignorarmos como se classificam os não existentes (*al-ma'dumāt*).

Começaremos por especificar que o conhecimento é representado na alma por uma realidade que é correlata ao inexistente e ao existente, de acordo com o que há em sua *'ayn,* ou que venha a existir se ela ocorrer. Essa realidade essencial é a ciência.

Por sua vez, os não existentes (*ma'dumāt*) são classificados em quatro categorias (*aqsām*):

---

19 Essa palavra é algumas vezes traduzida por "eterno", mas Ibn 'Arabī afirma, nesse mesmo texto, que o Alcorão não menciona esse significado, mas sim daquele que subsiste em si mesmo. Assim, o Subsistente é dito "antigo", pois permanece, enquanto o mundo é "eventual", novo e renovado a cada instante.

20 Entende-se, portanto, a diferença entre entidade enquanto "seidade", *'ayn,* e entificação (*ta'ayyun*) como o aparecimento do existente concreto, seja físico ou imaginal, um ser "existenciado", que emerge na existência.

1. Um não existente postulado (*ma'dūm mafrūḍ*), para o qual a existência nunca será possível, por exemplo, algo associado a Deus, seja um filho, um companheiro, ou ainda um camelo que passe pelo buraco de uma agulha (7:40);
2. O não existente cuja existência é imposta por uma necessidade preponderante (*tarjīḥiyyan*) e escolha preferencial, não por uma exigência (*iḍtirārī*), como um indivíduo no seio de sua espécie ou como a felicidade do Paraíso (conforme entendida pelo crente);
3. O não existente para o qual a existência seja lícita (*yajūzu*), como a doçura da água do mar ou o amargor dos doces etc.;
4. O não existente cuja existência não é possível por escolha preferencial, salvo através da existência de um indivíduo no seio de sua espécie. Nisso tudo, tanto aquilo cuja existência é lícita quanto aquele cuja existência não é lícita por escolha preferencial, refiro-me ao segundo indivíduo de uma espécie e aos que o sucedem.

Contudo, a realidade essencial afirma a vontade (*irāda*) e nega a escolha (*iḫtiyār*), afirma a ciência e nega a especulação, conforme relata o Alcorão: "Ele rege o Comando com autonomia" (13:2), "E teu Senhor cria e escolhe da maneira que Lhe apraz" (28:68). Mas aqueles correlatos ao segredo depositado na Revelação conhecem bem o lugar do discurso sobre a autonomia e a escolha preferencial.

Explicaremos nesse tratado, se Deus – Glorificado seja – quiser, que Ele – Glorificado – é Aquele que Deseja (*murīd*) e não Aquele que escolhe (*muḫtār*) e que na existência não há realidade possível e sim correlata a uma necessidade (*wujūb*) ou impossibilidade (*istiḥāla*). E cada vez que aparece, no Alcorão, por exemplo, "Se quiséssemos" (7:100) ou "Se Ele quisesse" (13:31), a conjunção (*iqtirān*) do desejo (*mašī'a*) com a partícula de exclusão "se" (*law*) refere-se a uma causa (*sabab*) existente duradoura para a qual é impossível a não existência e é, portanto, impossível o contrário de seu efeito (*musabab*).[21] Sua Vontade essencial está excluída do campo da inteligibilidade segundo o modo habitual que nós usamos o termo "inteligível".

Ainda que eu já tenha mencionado, nesse tratado, que aquilo que indica uma possibilidade (*imkān*), ou uma escolha, ou a especulação ou outra coisa que a realidade essencial recuse, assim o fiz para transmitir uma compreensão segundo o senso comum. Aquele que conhece a verdade sabe bem como e onde se situam essas noções; é a ele que me expresso e me dirijo. Aquele que se distanciar dessa verdade atribui a si próprio o sentido que reconhece segundo o uso comum e imagina que se trata da verdade. Assim, cada um destes acede aos sentidos e

---

21 Lembremos que, para Ibn 'Arabī, causa e efeito são termos interdependentes, correlatos, assim como na correlação interior/exterior, de modo que, se nos perguntarmos: "Por que a causa causou exatamente esse efeito e não outro?", a resposta seria: "porque o efeito era esse e fez com que a causa o causasse exatamente dessa forma", de modo que a causa não é senão o efeito de seu próprio efeito. Veja *Fuṣūṣ al-Ḥikam*, capítulo de Elias (trad. Austin, p.234) e Andrey Smirnov, *Il vortice divino. Il monismo come interdipendenza tra ẓâhir-bâtin: il punto di vista musulmano e la filosofia mistica di Ibn 'Arabî, Dialegesthai Rivista di Filosofia*, 2008.

deles não se distancia, mas os apreende segundo dois aspectos distintos, cada qual segundo seu grau de compreensão.

Uma vez compreendido isso, somente três dessas modalidades de não existentes relacionam-se com o conhecimento (*'ilm*). De fato, conhecimento algum ocorre ao inexistente cuja existência não seja possível, pois não existe. Assim, a ciência não se associa senão com aquilo que existe e não se associa com aquilo que simplesmente não existe, pois não é concebível que a ciência se associe à não existência pura pelo fato de que ela não possui forma representável, não é delimitada por uma qualidade, não possui uma realidade essencial à qual se possa aferrar senão à pura negação e a pura negação nunca se atualiza na alma, porque, se assim fosse teria existência; e a não existência, sob todos os aspectos, não pode ter existência. Assim, nela não há realidade alguma.

Não observas, por exemplo, o conhecimento que possuis em relação à negação de se associar o que quer que seja a Deus – Glorificado seja? Se meditares sobre aquilo que se elabora em ti e que se estabelece em seu coração em relação à negação de um associado (a Deus), não encontrarás (*tajida*)[22] nada além da Unicidade (*waḥdānīyya*), que existe, e que a alma pode consentir.

Se te recusares a aceitar esse aspecto, que talvez te seja difícil, há um outro modo de considerar o associado (a Deus) que é através de algo que já conheces, dentre as realidades adventícias, como Zayd: aquela relação com a qual estabeleces a correlação

22 Palavra da mesma raiz de *wujūd* (*w.j.d*), com o sentido de encontrar/ser encontrado, nostalgia, anseio amoroso; filosoficamente corresponde ao fato de existir.

de um associado a Zayd é existente (*mawjūd*) concretamente e por essa mesma correlação não é possível se reportar a Deus – Glorificado seja. Observa que a tua ciência desse impossível refere-se àquela que tens dos elementos distintos e se não fosse por esses não compreenderias a negação desses a Deus. E cada vez que se representa em ti a ciência de um inexistente qualquer, em realidade trata-se da existência de um contrário ou da existência de uma condição que justifica a sua negação, ou de elementos existentes no mundo dos quais tu negues a relação e a correlação a um existente qualquer por uma realidade essencial existente naquele ente e que tu conheces bem. Portanto, tu negas, em relação a ele, as qualidades que sua realidade não pode aceitar e afirmas outras em razão de uma realidade igualmente existente que caracteriza o existente através do qual tu afirmas o que afirmas.[23] Realiza essa questão, pois ela te será proveitosa, se Deus, Glorificado seja, quiser. Essa é a primeira das modalidades dos não existentes. As demais, as consideramos anteriormente como uma necessidade ou como uma impossibilidade de escolha preferencial, apesar do postulado da existência de um indivíduo no seio de sua espécie. Essas outras modalidades dos não existentes remetem à existência. E é aquilo que se remete à existência que a ciência afirma e atualiza.

Saiba que, se o ser humano não estivesse segundo uma forma, a ciência não estaria eternamente associada a ele, pois a ciência

23 Esta passagem deve ser entendida em função do que ficou conhecido como "metafísica da Imaginação" em Ibn 'Arabī. Ele afirma que o conhecimento depende da imaginação, ou da representação formal, e que essa só ocorre porque combinamos os inúmeros elementos, partes ou aspectos que aparecem através dos existentes no mundo.

correlaciona-se continuamente com aquilo que é novo, atualiza-se e não deixa de se atualizar por meio da forma duradoura existente segundo a qual o ser humano foi criado. Ora, o universo inteiro foi criado segundo a forma do ser humano e, por consequência, o universo existe igualmente em função da imagem segundo a qual o ser humano foi criado. Assim, o conhecimento que se refere a um não existente somente é possível referir-se a uma realidade similar (*maṯal*) existente. Compreenda!

Uma vez que assimiles esse ponto, talvez te perguntes: "Gostaria de saber de qual modo a ciência se relaciona com seu objeto não existente através do qual a existência é possível? Pois compreendi, do teu discurso, que a visão (*ru'ya*) é indispensável e a ciência se atualiza no momento da visão ou durante um tempo virtual, caso aquele que vê não esteja sujeito ao tempo. Isso equivale a dizer que se obtém a ciência no momento mesmo da representação do seu objeto por meio da percepção visual (*baṣarī*) ou similar a ela, ou ainda a representação do equivalente a seu objeto, ou, enfim, através da percepção dos elementos constitutivos de seu objeto".

E diríamos: É como entendestes e indicastes. E tal é o caso, a meu ver, de todos os conhecedores, sem exceção. Assim, chamarei tua atenção sobre o que deixaste passar em silêncio, seja por educação, seja por receio dos corações cegos que não possuem inteligência, e por teu conhecimento da minha circunspecção a respeito daquilo que te fiz alusão, simbolicamente.

Saiba que a relação de conhecimento com seu objeto no momento da percepção (*idrāk*) não é condicionada pela existência concreta dos indivíduos daquela espécie, mas sim pela existência de um indivíduo ou dos elementos que participem de diversos existentes e que, reunidos, façam emergir um novo existente inteligível que, mesmo sendo inexistente, lhe seja similar. Tua ciência não é, portanto, senão a relação de tua representação com aquela entidade e com essa realidade (que haveremos de expor). Não é a percepção dos sons, por exemplo, que constitui o conhecimento de suas *a'yān*,[24] mas sua identidade é conhecida através da visão de sua realidade essencial e isso vale para qualquer objeto de ciência. Por consequência, ainda que ele permaneça inexistente, é percebido em ti como uma realidade análoga à representação formada pelos elementos existentes. Isso é inexorável. Para que todo conhecedor (*'ālim*) possa conhecer, de modo geral e sem exceção, tanto os existentes quanto suas realidades essenciais, é indispensável que conheça sua própria alma e a compreenda, pois, cada objeto de conhecimento distinto deste conhecedor ou é perfeitamente segundo sua própria forma e, portanto, lhe é similar, ou é segundo uma parte dessa. Sob esse aspecto ele tem ciência do objeto do conhecimento em função de se conhecer a si mesmo e esse conhecimento se aplica perfeitamente a quaisquer realidades cognoscíveis: se o objeto do conhecimento se apresente em sua forma completa, será uma imagem (do conhecedor) e, caso se apresente segundo elementos diversos de sua própria forma, ele os conhecerá em função de objetos já conhecidos. Aplique isso de modo geral a todo existente, sem restrições. No entanto, deves evitar estabelecer aproximações (*tašbīhāt*) e similitudes (*tamṯīlāt*) se desejas atingir a Presença divina, pois, nesse caso, trata-se de perceber a realidade diferenciada através

24 Plural de *'ayn*.

da sintética. Quanto a nós, não atingimos a realidade sintética senão a partir da realidade distinta e renovada que se atualiza na existência, pois percebemos no sintético uma distinção virtual que pode ou não se atualizar.

Compreende bem a que fazemos alusão pela expressão "de modo geral a todo existente, sem restrições", pois aquele que se encontre existenciado sob a forma de algo, aquela coisa é também sua forma e, pelo fato mesmo de ver a sua forma (ou a si mesmo), vê também aquele que é segundo sua forma, e pelo fato mesmo de conhecer a si mesmo conhece aquele a partir do qual sua forma foi existenciada, sem que nada lhe falte.

Quando tiveres atualizado e compreendido isso em teu ouvido e o Espírito Santo tiver insuflado em teu íntimo, escuta e torna presente teu coração, fixa a tua mente e purifica teu pensamento para aquilo que vou te ensinar, se Deus quiser!

Saiba que as coisas existem segundo três modalidades e não há uma quarta. Somente essas três podem ser objeto de nosso conhecimento, pois tudo que é outro que não essas três modalidades é pura não existência que não pode ser nem objeto cognoscível nem incognoscível e não se vincula a coisa alguma. Isso compreendido diremos três coisas a esse respeito:

A primeira é qualificada pela existência por sua própria essência (*al-wujūd bi-ḏāti-hī*). Trata-se de um existente em si em sua própria Ipseidade (*mawjūd bi-ḏāti-hī fi 'ayni-hī*),[25] cuja existência não deriva da não existência, pois Ele é o Absoluto da

25 Aquele que existe por sua própria Ipseidade; a expressão *mawjūd bi-ḏāti-hī fi 'ayni-hī*, em tradução direta: o existente por sua própria essência e através de sua entidade (*'ayn*, fonte, identidade).

Existência *(muṭlaq al wujūd)*, que não é vinculada (*muqayyaḍ*) a coisa alguma, do contrário, essa coisa Lhe seria anterior, mas é Ele quem dá existência a todas as coisas, seu Criador, Aquele que as determina, distingue e rege. É Deus, O Vivo (*Al-Ḥay*), Aquele que Subsiste em Si (*Al-Qayyūm*), O Onisciente (*Al-'Alīm*), O Desejoso (*Al-Murīd*), O Poderoso (*Al-Qadīr*), Aquele ao qual "não há nada semelhante, ainda que Ele seja O Ouvinte (*Al-Samī'*) e O Vidente" (*Al-Baṣīr*) (42:11).

A segunda é aquela que existe por Deus (*wujūd bi-Llāh*), a existência vinculada (*wujūd muqayyaḍ*),[26] designada como o mundo, o trono, o pedestal, os céus elevados e aquilo que neles se encontram, como o mundo da atmosfera (*jaw*) da Terra e tudo o que nela há, como os animais, os insetos e os vegetais, bem como todas as realidades do universo. Esse mundo não existia concretamente antes de encontrar *wujūd*, e há um lapso de tempo entre ele e o seu existenciador pelo qual sua existência poderia ter sido adiantada ou atrasada; portanto, é impossível falar de "antes" ou "depois". De fato, Ele é anterior em função da existência, tal como a anterioridade de ontem em relação a hoje, pois não possui temporalidade e é o próprio Tempo.

---

26 *Muqayyad* – delimitada, contígua, vinculada. Ibn 'Arabī frequentemente utiliza esse termo associado à formação das imagens, como em *al-ḫayāl al-muqayyaḍ* em contraposição à *al-ḫayāl al-muṭlaq*, imaginação "absoluta", que se sustenta em si ou que é um aparecimento não determinado pela imaginação subjetiva, ao passo que *al-ḫayāl al-muqayyaḍ* indica uma imagem vinculada à subjetividade e dependente desta. Então *wujūd muqayyaḍ* tem o sentido dos existentes dependentes de *wujūd* ou que existem em função deste: *muqayyaḍ* é algo dependente de alguém, está ligado a alguém, como um concomitante.

A não existência do mundo não se situa no tempo, mas a faculdade especulativa imagina que entre a existência do Real e a criação haja um intervalo (*imtidād*).[27] Essa relação só se observa na percepção sensível da anterioridade e da posterioridade relativas aos eventos.

Quanto à terceira coisa, é aquilo que nao é qualificado nem pela existência nem pela não existência, nem pela permanência nem pela adventicidade, mas está intimamente vinculada à Subsistência divina. Sobre ela é impossível falar em anterioridade ou posterioridade em relação ao mundo ou em relação ao Real, pois não se trata de um existente. Ora, a permanência e a adventicidade pertencem à ordem dos correlativos e transmitem ao intelecto uma certa realidade. Se o mundo deixasse de existir não poderíamos chamar de O Antigo (*qadīm*) Aquele cuja existência é necessária (*wājib al-wujūd*). Se considerarmos a Revelação, esta não menciona o Nome "O Eterno", mas sim "O Primeiro" e "O Último" (Alcorão 57:3). Do mesmo modo, se tu deixasses de existir, não poderíamos dizer "O Primeiro" e "O Último" em relação a Deus, pois o termo médio (*wasaṭ*) que liga as noções de primeiro e último não mais existiria. Não haveria, portanto, nem Primeiro nem Último, nem Interior (*al-bāṭin*) e Exterior (*az-zāhir*), nem qualquer outro nome correlativo. Assim, há um existente Absoluto que não é delimitado pelas noções de "primeiro" ou "último".

27 Para Ibn 'Arabī, o cosmos ou o mundo e tudo o que ele contém é recriado novo a cada instante. Isso significa que não possui nem anterioridade nem posterioridade em relação a nada. Só podemos falar em "antes" e "depois" entre as criaturas ou os eventos inerentes ao mundo.

Essa terceira coisa, que não é qualificada nem pela existência nem pela não existência, possui um estatuto análogo ao Ser que requer a existência[28] – Glória a Ele – na negação de "Primeiro" e de "Último" caso o mundo deixasse de existir. Do mesmo modo, não é caracterizada nem pelo todo nem pela parte, nem aceita aumento ou diminuição. Assim, conforme dissemos, "É impossível falar em anterioridade ou posterioridade em relação ao mundo ou em relação ao Real", quanto mais em relação a essa terceira coisa, que não é nem existente nem não existente, de modo que sobre ela também não se pode falar em "primeiro" nem em "último" nem em nada de similar.

E, também, para que saibas que o mundo não é nem posterior a essa terceira coisa nem localizado nela, pois a localização (*makān*) é inerente ao mundo. Ora, essa terceira coisa é a raiz (*aṣl*) do mundo, a raiz da Preciosidade singular (*al-jawhar al-fard*),[29] o "Real-através-do-qual-a-criação-acontece", a Esfera

---

28 Trata-se do mesmo termo *wājību al-wujūdi,* que admite duas leituras. Em uma primeira leitura, o termo *wājīb* é particípio ativo cujo sentido está associado a um substantivo e que significa necessitante, aquele que necessita ou o que é necessário, e disso decorre a tradução clássica de Ser Necessário. Em uma segunda, o particípio ativo associa-se a um sentido verbal e não nominal, o ser que requer ou exige a existência, *al-wājibu al-wujūda*. Portanto, nesse conceito, há uma sutileza no pensamento de Ibn 'Arabī, especialmente porque ele frequentemente utiliza o termo *wujūd* no sentido de encontrar/ser encontrado, que integra os sentidos correlativos daquele que encontra e daquele que é encontrado em uma codependência tanto em relação ao aparecimento da coisa em si quanto em seu testemunho, o que implica consciência.

29 A palavra *jawhar* tem o sentido de "joia" ou "preciosidade", embora traduzida tradicionalmente por "substância", e o termo *al-jawhar al-fard* por "substância prima". Quando levamos em conta que Ibn

da Vida e tudo o que Dele há no mundo. As coisas criadas dependem dela como tudo o que procede do Existente Absoluto (*mawjūd muṭlaq*). Ela é a Realidade das realidades do mundo, a realidade universal subsistente no mental (*ḏihn*) que se manifesta no permanente como permanente e no adventício como novidade.

Se dizes que essa terceira coisa é o mundo, estás certo; e se dizes que ela é o Real eterno, Glória a Ele, estás certo; e se dizes que ela não é nem o mundo nem o Real, Glorificado seja, mas que possui uma outra significação, também estás certo. Tudo isso é válido, pois ela é o totalizador universal (*al-kūlli al-a'amm*) que engloba o permanente e o adventício e se diversifica em função da pluralidade dos existentes sem por esses se fracionar, nem se divide pela multiplicidade dos cognoscíveis. Ela não é existente nem não existente, ela é e não é o mundo, é outra (*ġayr*) e não é outra, pois a alteridade implica dois existentes e a relação (*nisba*) é juntar (*indimām*) uma coisa junto à

'Arabī menciona com frequência o *ḥadīṯ* do "tesouro oculto", a noção de "joia" remete à Singularidade do Real enquanto o princípio que atualiza a ipseidade de todo vivente, a singularidade de todo singular, enquanto a tradução por "substância" aproxima o pensamento de Ibn 'Arabī à tradição da filosofia grega. Cremos que isso pode facilitar o entendimento, mas simultaneamente anula um outro nível de compreensão associado ao conceito de terceira coisa e à função dos nomes divinos como as luzes das "preciosidades" singulares que "descortinam" o mundo. A utilização da expressão *al-jawhar al-fard*, em contexto islâmico contemporâneo a Ibn 'Arabī, ocorria entre os Aš'aritas para indicar o átomo. Assim, essa "partícula" original não é um átomo elemental que dá origem a toda substância ou todo aparecimento, mas uma "informação criativa", a "seidade" que caracteriza a singularidade do ser e que impulsiona a multiplicidade.

outra, da qual deriva uma terceira, descrita como uma forma implícita naquela correlação.

Assim, por exemplo, se quisermos produzir um triângulo, colocaremos as partes em relação umas com as outras de modo a produzir três ângulos e a isso chamamos "triângulo". E as diversas espécies de triângulos, suas configurações (*taṣwīr*), suas cores (*alwān*) e seus produtos (*akwān*) são determinados segundo o Totalizador Universal do mesmo modo que um anjo, um homem, uma inteligência ou ainda outras realidades como a medida, o local, a posição, a atividade e a passividade. É através da relação entre os elementos particulares (*juz'iyyāt*) que participam dos universais que se constitui o mundo da distinção (*tafṣīl*), tanto superior quanto inferior, sem que haja outra diferenciação (*iftirāq*) senão aquela que se opera pela faculdade estimativa (*wahm*).

Este é um dos modos de compreender o que dissestes antes, que a terceira coisa é o mundo. E explica também quando dissestes "Não é o mundo", pois o mundo, na sua entidade, era não existente, bem como essa coisa, que, em seu estado, não se qualifica nem pela existência nem pela não existência. Mas a ciência eterna se reporta ao conteúdo diferenciado que essa terceira coisa afirma como síntese, conforme já dissemos, assim como nosso conhecimento depende de certas realidades distintas e igualmente das realidades sintéticas, mas as distingue quando deseja e isto é um mistério. O conhecimento que temos dessa terceira coisa funciona do mesmo modo em função da correspondência entre nós e o Real.

É a isto que alude o imã Abū Ḥāmid al-Ġazālī: "Não há, na Possibilidade (*imkān*), nada de mais maravilhoso (*abda'u*) que o nosso Mundo, pois se isso existisse e Ele o tivesse retido, seria uma prova de fraqueza e avareza contrárias à Sua Generosidade!". Por essa razão, descarta-se a possibilidade (de um mundo melhor). Mas, a meu ver, isso não depende só de um aspecto, pois o que me parece mais maravilhoso é o ser ter sido criado segundo a Forma divina. Portanto, compreende! E é em função disso que o ser humano é uma prova que se remete ao conhecimento de Deus e é indispensável que seja completo em todos os suportes (*arkān*); se lhe faltasse um único, ele não seria uma prova e seu conhecimento não seria autêntico. Mas, conforme admitido e estabelecido, ele é uma prova. Sobre isso, disse o Profeta, que a Paz esteja sobre ele: "Quem conhece a si mesmo, conhece seu Senhor".

Retornando ao nosso assunto, diremos, dessa terceira modalidade da existência, que não se pode encontrar uma descrição adequada a seu respeito, mas podemos aludir a ela, recorrendo à comparação e analogia. De fato, ela é distinta do Real, que não está sujeito à semelhança, exceto sob o aspecto dos atos; Sua realidade não pode ser apreendida pela comparação, pois desse modo nosso conhecimento O abrangeria e isso é impossível, conforme Ele disse: "Eles não chegam a compreendê-Lo" (20:110). Diremos, portanto, que a relação com o mundo dessa modalidade de existência, que não pode ser definida ou qualificada nem pela existência nem pela não existência, nem pelo eventual nem pela eternidade, é como a relação da madeira com os objetos feitos de madeira, como a cadeira, o cofre, a cama e o púlpito ou ainda como a relação entre a prata e os objetos feitos de prata, como o frasco de colírio, os brincos e os anéis. Essas comparações explicitam sua realidade. Leve em consideração essa relação e não imagine que (nessa coisa) haja alguma diminuição, tal como ocorre à tábua de lenho depois da fabricação de uma escrivaninha (*miḥbara*). Saiba que o pedaço de madeira é um modo da madeiritude: não devemos conceber a madeiritude senão como uma realidade inteligível e sintética. Verás que ela não se sujeita nem à diminuição nem à divisão em partes, ainda que esteja em toda cadeira e em toda escrivaninha integralmente, sem aumento nem diminuição. E ainda que a forma da escrivaninha possua muitas variedades em sua madeiritude, como a qualidade de ser longa, quadrilátera, quantificável, essas realidades não diminuem sua integridade essencial. O mesmo pode-se dizer da cadeira ou liteira.

Essa terceira modalidade da existência mantém todas estas realidades na sua inteireza, ou perfeição (*kamāl*), respectiva. Chame-a, se quiseres, de Realidade das realidades, de *Hylè* (*hayūlā*), Matéria primordial (*al-mādda al-'ūlā*) ou o Gênero dos gêneros (*jins al-ajnās*). Chame as realidades contidas nessa terceira modalidade da existência de "realidades primordiais" ou ainda de "gêneros supremos". Essa terceira modalidade não pode ser dissociada do Ser Necessário[30] da Existência (*wājīb al-wujūd*) e a Ele está intimamente ligada (*yuqārinu*), sem ter uma existência em si. Ela não possui espacialização (*jihāt*) nem orientação (*tilqā'āt*), e, ainda que a supuséssemos existente e distinta (*mutamayyiza*), não seria sujeita à localização e direção (*izā'āt*). Realiza essa sessão e assimile-a!

30 Outra leitura possível, conforme já comentado, é Ser "necessitante" da Existência.

FAṢL II
(Sessão II)

Após tratarmos das categorias dos não existentes e especificarmos suas modalidades (*marātib*), queremos agora falar dos existentes e de sua classificação (*aṣnāf*). Esses subdividem-se em classes, a saber:

1. Uma existência absoluta (*wujūd muṭlaq*), da qual a quididade[31] (*māhiyya*) não é cognoscível, e, portanto, não podemos aplicar-lhe o conceito de quididade e modalidade (*kayfīyya*), nem predicar-lhe qualquer atributo (*ṣifa nafsīyya*) inerente de modo afirmativo. Trata-se de Allāh, Glorificado seja!

O Máximo que podemos saber a Seu respeito hoje é através do atributo da negação (*ṣifat al-salb*), como em: "Não há nada semelhante a Ele" (40:11); "Glorificado seja teu Senhor, O Senhor do Poder, além do que Lhe atribuem" (37:180).

31 *Māhiyya* – a "quididade" significa literalmente "o que é (essa coisa)?"; o termo surgiu na Idade Média em função das traduções árabes dos textos clássicos gregos, e refere-se à essência necessária ou substancial de cada coisa, a natureza real de algo. Refere-se à coisa concreta (quididade) enquanto *'ayn* refere-se à coisa em sua seidade, ipseidade.

Conforme já dissemos, a ciência não se conecta senão a um existente. Nesse caso, a ciência conecta-se à negação do que não Lhe é admissível – Glória a Ele – e a negação do que não Lhe é aplicável existe em nós e é correlata a nós. Essa é a primeira categoria.

2. Os existentes imateriais (*mawujūdāt mujarrad ʿan al-mādda*), que são as inteligências espirituais separadas (*ʿuqūl rūḥanīyya mufāraqa*), suscetíveis de assumir configuração (*taškīl*) e representação (*tasawwur*), dotadas de *raqā'iq*, elos sutis luminosos. Esses são aqueles que designamos como Anjos, que não são espaciáveis (*lā tataḥayyaza*) nem localizáveis em uma posição (*makān*) particular em função de sua essência (*ḏātihā*). Não possuem nem configuração nem forma determinada, mesmo que possam assumir uma forma espaciável: trata-se de um mistério eminente e sutil.

Sob esse aspecto, também pertencem as energias espirituais ígneas (*al-quwei ar-rūḥānīyya an-nārīyya*) designadas pelo termo *jinn*, ainda que estejam sob o domínio da natureza (*ṭābīʿa*). O calor faz parte dos atributos de sua substância, ao contrário dos Anjos que não são constituídos assim.

3. As criaturas espaciáveis (*taḥayyuz*) e localizáveis em uma posição (*makān*), tais como os corpos celestes (*ajrām*), os corpos físicos (*ajsām*) e as substâncias indivisíveis (*jawāhir afrād*), segundo os Aš'aritas.[32]

---

32 Aš'aritas – refere-se a uma das principais escolas de teologia islâmica sunita, fundada pelo jurista Shāfiʿī e pelo teólogo Abū al-Ḥasan al-Ashʿarī, entre os séculos IX e X. Baseia-se na ortodoxia da autoridade do Alcorão e na racionalidade. Veja-se: Richard M. Frank, *Classical Islamic Theology: The Ashʿarites: Texts and Studies on the Development and History of Kalam, V.III (Variorum Collected Studies)*. New York: Routledge, 2008.

4. Os existentes que não são suscetíveis de espacialização, mas estão sujeitos a ela em função de implicações ulteriores (*tab'īyya*), sem que se mantenham por si mesmos, mas inerentes a outros. São os acidentes (*a'rāḍ*), como a negrura, a brancura etc.

5. Os existentes que estabelecem relações e que são produzidos entre os mencionados acima, e os acidentes tais como o onde, o como, o tempo, o número, a medida, a correlação, o que está estabelecido, a atividade e a passividade. Cada um desses existentes se subdivide em tantos e numerosos elementos que nem há como mencionar. Por exemplo:

O onde (*ayna*): como a posição (*makān*), que compreende o acima e o abaixo etc.;

O como (*kayf*): como a saúde e a doença e os demais estados (*aḥwāl*);

O tempo (*zamān*): como ontem, hoje e amanhã, o dia e a noite, a hora e tudo o que é passível de aceitar o "quando?";

O quanto (*kam*): como a medida, os pesos, a distância, a métrica poética, o discurso e tudo o que responda à pergunta "quanto?";

A correlação (*iḍāfa*):[33] como pai e filho, mestre e discípulo;

O estabelecido (*al-waḍ*) por convenção ou consenso: como os idiomas, o status;

---

33 A correlação (*iḍāfa*) ou sobreposição – o significado dessa palavra é o "ato de acrescentar" – de sobrepor uma situação a algo ou alguém, como a maternidade acrescenta à mulher a condição de mãe, e à criança, a condição de filho. Ibn 'Arabī, no entanto, entende que esse acréscimo é concomitante tanto à mulher quanto à criança, o que torna a correlação uma situação simultânea a ambos, onde causa e efeito são concomitantes.

A ação (*yaf'al*): como a imolação;

O passivo (*yunfa'al*): como a morte que resulta da imolação.

Essa é a enumeração desses existentes em sentido estrito, pois a noção de existente, em sua totalidade, compreende dez categorias, incluindo as substâncias e os acidentes. Somente no ser humano, dentre todos os mencionados, encontramos reunidos todos esses existentes, ao passo que no mundo encontram-se dispersos.

Quando o Espírito Santo é insuflado no homem, a partir de sua conexão com o Existente absoluto (*mawjūd muṭlaq*), isso ocorre a partir de um modo nocional (*ma'nawīyann*) santificado que é sua participação na função divina e é através desta que reconhecemos no ser humano duas dimensões (*nusḫatān*), uma exterior e outra interior. A dimensão externa corresponde (*muḍāhīyya*) ao mundo em sua totalidade, conforme a classificação que vamos indicar. Sua dimensão interna corresponde à Presença divina (*ḥadra ilāhīyya*). Portanto, o ser humano é universal (*kullī*) por excelência e segundo a Realidade essencial, pois é receptivo a todos os existentes, tanto os subsistentes quanto os adventícios, enquanto os demais existentes não são assim.

De fato, os elementos do mundo não são depositários da Função divina (*'ulūhīyya*) e a divindade (*ilāh*) não é sujeita à qualificação de servidor (*'ūbūdiyya*), mas o cosmos inteiro é servo ('abd) enquanto o Real – Glória a Ele – é uma divindade única impenetrável (*ilāh wāḥid ṣamad*) e não é possível qualificá-Lo por algo contrário às qualidades divinas, como não é possível ao cosmos se qualificar pelo contrário das qualidades adventícias e de servitude.

O Ser Humano possui duas relações de perfeição: através da primeira tem acesso à Presença divina e, pela outra, tem acesso ao grau da presença do mundo da geração (*kiyānīyya*). Por um lado, ele é um servo pelo fato de que está subordinado (*mukallaf*), pois não existia e entrou na existência tal qual o mundo; por outro, é um senhor (*rabb*) enquanto Califa[34] em função da forma (*ṣūra*) e da mais bela constituição (*aḥsan taqwīn*) (95:4). Ele é como um istmo (*barzaḫ*) entre o Mundo e o Real, reúne a criação e o Real, a linha de separação entre a Presença Divina e a Presença do mundo da geração, como a linha [imaginária] que separa o sol da sombra e esta é sua realidade. Ele possui a perfeição absoluta (*kamāl muṭalaq*) no adventício (*ḥudūt*) e na antiguidade (*qīdam*),[35] enquanto o Real possui a perfeição absoluta quanto à antiguidade (*fi al qidam*) e não participa do adventício, e por isso é mais elevado. E o mundo possui a perfeição total no adventício e não se relaciona com a antiguidade, pois é demasiado infirme para isso. O Ser Humano é, portanto, uma síntese, que Deus seja louvado! Assim, não há na existência realidade mais nobre que a sua, nem ser mais puro que ele e igualmente não há realidade essencial mais vil e deturpada que ele, pois na existência encontramos Muḥammad e, também, Abū Jahl,[36] Moisés e o Faraó.

---

34 Califa; vice-regente, sucessor ou "representante" de Deus na existência. Refere-se ao ser humano na condição do homem universal ou do ser humano completo (*al-insān al-kāmil*), conforme Ibn 'Arabī: "Ninguém é chamado 'vice-regente' salvo através da atualização da Forma Divina em si mesmo" (F.III, 156.35, SPK p.391, n.11).

35 Antiguidade: traduz a palavra árabe *qīdam*, cujo sentido pode, também, ser primordialidade, passado, anterioridade.

36 Abū Jahl, tio paterno do Profeta Muḥammad e seu opositor, conhecido por sua crueldade.

Compreenda, assim, a mais bela das constituições e considera-a como a condição central daqueles que são obedientes e próximos (ao divino) e entenda o que é a constituição mais inferior dos seres vis (95:5); a condição central dos descrentes e negadores. E Glória "Àquele a quem nada se assemelha, e (ainda assim) é O Ouvinte, O Vidente" (42:11).

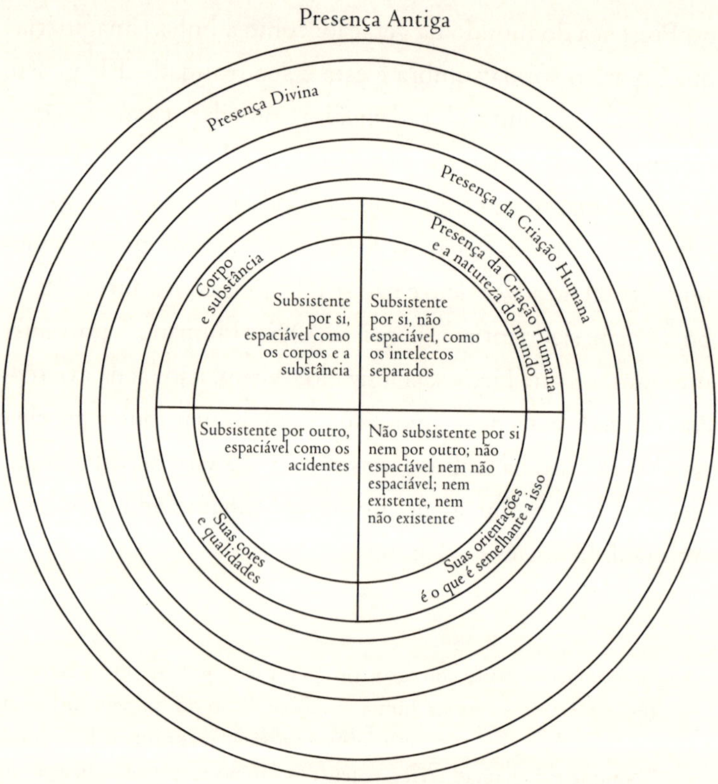

Diagrama dos Círculos do distanciamento (*tanzīh*) e da semelhança (*tašbih*)

O círculo branco situado entre as duas circunferências negras é uma representação imaginal (*miṯāl*) do grau da Presença divina conforme Sua incomparabilidade. E esse círculo abrange tudo o que está contido no diagrama, conforme as palavras de *Allāh*, Glória a Ele: "*Allāh* abrange todas as coisas" (4:126) e "*Allāh* abrange todas as coisas em ciência" (65:12).

O segundo círculo branco, situado no interior do primeiro e delimitado pela linha circular menor, simboliza o lugar do Ser Humano. E aquele da linha circular menor, em face da Presença divina, indica a semelhança entre o Ser Humano e a Presença divina e o da linha circular menor, em face do círculo menor, indica a semelhança do Ser Humano com o Mundo da existência gerada (*kawn*).

As duas linhas axiais que dividem o diagrama em quatro quadrantes indicam a multiplicidade dos Mundos, e o círculo menor que contém o centro é o círculo do Mundo; e justaposto a ele, o Ser Humano, isto é, o Califa que exerce sua tutela. Os quatro quadrantes formados pelas linhas axiais que partem do centro em direção à circunferência separam as diversas categorias de existentes do mundo.

Realiza esse diagrama e penetrarás os segredos que revelamos. E *Allāh* é Aquele que guia, não há Senhor salvo Ele.

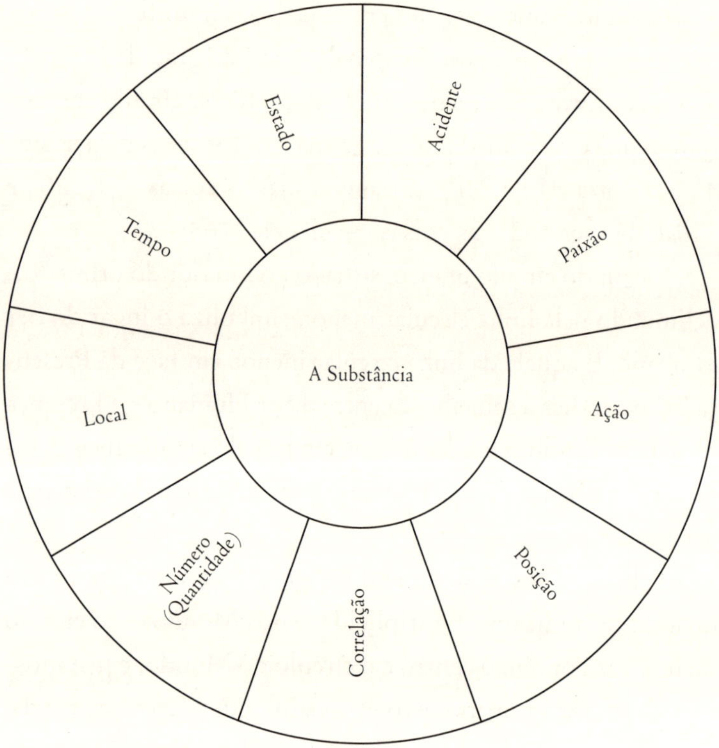

Diagrama (*jadwal*) da matéria primordial (*hylè*)

Trata-se do círculo que abrange (*muḥīṭ*) as coisas existentes (*mawjūdāt*) de modo global e sem restrições. Elas incluem todas as realidades cognoscíveis, existentes e não existentes. Ali há Vida inteligente, que no Subsistente é eterna e no adventício é renovada; e assim há a qualidade de ser ciente (*al-'ālimīyya*) e a de ser desejante (*al-irādīyya*).

Esta seria a representação imaginal (*miṯāl*) de sua forma, caso *mawjūdāt* tivesse uma, mas, como ela é inteligível, podemos atribuir-lhe uma forma esquemática. O círculo interior da substância (*jawhar*) indica toda essência (*ḏāt*) que subsiste por si (*qā'im bi-nafsi-hī*), quer seja eterna ou adventícia, enquanto a área dos "acidentes" (*'a'rāḍ*) representa tudo o que não subsiste por si e nessa se incluem a geração (*kawm*), a cor, as qualidades como as ciências e as capacidades etc. Assim também pode-se representar o que se chama "tempo" e "local" e outras relações como podes ver no círculo, queira Deus!

Saiba que o círculo da matéria primeira representa a realidade a partir da matéria (*mādda*) da qual o Real conferiu existência aos existentes superiores e inferiores. Ela é, portanto, a matriz (*umm*) que engloba todos os existentes e é inteligível no mental (*ḏihn*), mas não existenciada ou dotada de uma forma que lhe seja própria, ainda que ela seja, entre os existentes, uma realidade indivisível não suscetível nem de aumento nem de diminuição.

Sua existência é idêntica à emergência (*burūz*) da entificação dos existentes, quer sejam subsistentes ou adventícios, e se não fossem esses não poderíamos concebê-la e assim não conheceríamos a realidade dos existentes. Sua existência é, portanto, subordinada à existência dos indivíduos (*ašḫas*), mas quem não a conheça não é capaz de discernir os indivíduos. Diríamos, por exemplo, que o mineral, o anjo e o Subsistente são uma e a mesma coisa se ignorarmos as realidades essenciais e como os existentes se distinguem uns dos outros.

Portanto, a matéria primordial apresenta-se ao conhecimento através do aparecimento dos existentes. Se aplicamos ao aparecimento um sentido posterior (*ta'aḫur*) é em virtude da posterioridade da existência individual (*wujūd šaḫṣī*) e não do que ela seja em si, pois, nesse sentido, ela é universal e inteligente e não qualificada nem pela existência nem pela não existência. Ela é a matéria (*mādda*) de todos os existentes. Ela aparece em sua integralidade através da manifestação de cada existente e assim nada existe fora dela. É por isso que o Imã[37] disse: "Não há, na possibilidade (*imkān*), nada de mais maravilhoso (*abda'ū*) que o nosso Mundo, pois, se isso existisse e Ele o tivesse retido, seria uma prova de fraqueza e avareza contrárias à Sua Generosidade e ao Seu Poder!". Ora, descrever Deus desse modo é impossível e tal conclusão impensável! Se além desse mundo Ele houvesse concedido existência a outros, e assim indefinidamente, eles Lhe seriam análogos. Ele não poderia lhes acrescentar uma outra realidade que não estivesse já presente nesse mundo. E, se não é possível acrescentar qualquer outra realidade, é porque não há, na possiblidade, nada de mais perfeito que nosso mundo. Mas nós já comentamos isso nesse tratado.

A tabela que apresentamos aqui representa os Belos Nomes mencionados na Tradição (*šarī'a*) de modo não exaustivo nem limitado.

Saiba, que Deus te assista, que aqueles que receberam conhecimento sobre Deus – Glorificado seja Ele – não sabem de Sua existência senão pelo fato de que Ele é O Potente, O Conhecedor, O Desejante, O Vivente, O Subsistente em Si mesmo, O Ouvinte e O Vidente e não reconhecem nada além Dele. Ora, não é lícito dizer a Seu respeito, por um atributo através do qual somente Ele é caracterizado, aquilo que podemos dizer das coisas adventícias, pois, ainda que Sua existência seja inteligível, é, no entanto, inefável. Por esse motivo, não se

37 Ibn 'Arabī refere-se aqui ao imã al-Ġazālī.

NOMES DA ESSÊNCIA	NOMES DOS ATRIBUTOS	NOMES DOS ATOS
Allāh	A VIDA	Inovador, O que gera
Senhor		O que inicia
Soberano	O Vivente	Amplo, Autossuficiente
Santo	A PALAVRA	Sustentador
Paz		Preservador
	O Grato	Criador, Produtor
Fiel		Formador
O Guardião	O PODER	Provedor
Inacessível	O Coercitivo, Constrangedor	Doador
	O Todo-Poderoso	Aquele que abre
	Forte, Poderoso	O Restritor
O Constritor		Realizador
Magnífico	O Clemente	O que rebaixa, O que eleva
Sublime	A VONTADE/DESEJO	O que torna Irresistível
Imenso		O que torna vil, O Juiz
	O Todo-Misericordioso	Justo
Exterior	O Generoso	Sutil
Interior	O Perdoador	Reintegrador
Grande	O Amante	Vingador, O que faz sofrer
Glorioso	O Magnânimo	O Mais Próximo, Indulgente
Real	O Benfeitor	O que faz repartir
Inabalável	O Constante	O Equitativo
Único		
Excelente	A CIÊNCIA	
Impenetrável	Onisciente, Conhecedor	Totalizador
Primeiro	O que Calcula	O que torna Suficiente
Último	Santo	O que recusa
Elevado	Testemunho	
Independente	AUDIÇÃO	O Contrariador
Luminoso		O que faz lucrar
Legislador	O Ouvinte	O Guia
Possuidor da Majestade	VISÃO	O Pioneiro
e da Generosidade		O Reitor
	O Vidente	
Vigilante		

pode dizer o que Ele é (mā *Huwa*), já que Ele não comporta quididade (*māhiya*) alguma, nem um "como" (*kayf*); Ele é, pois não está sujeito à modalidade (*kayfīyya*). Em verdade, a ciência dos que sabem não se correlaciona a Ele senão de modo alusivo (*talwīḥ*). Se realizares essa percepção ao ponto de chegar à visão Dele que Ele mesmo te atribua, por um acréscimo do desvelamento e da iluminação, sobre a Unicidade divina expressa por "*Lā ilāha illā Llāh*" (Não há deus senão Deus) tu poderás dizer: "Conhecemos a Deus".

Mas, quanto à Sua Realidade (*ḥaqīqa*), do mesmo modo que podemos afirmar sobre a Substância (*jawhār*), que esta é indivisível e permite a espacialização suscetível de receber os acidentes, poderás dizer: "Não conhecemos a Deus". Assim, temos receio de que aqueles que meditam sobre Sua essência apenas chegam à representação (*tamṯīl*) e ao antropomorfismo (aproximação, *tašbīh*). Por esse motivo, a meditação a respeito de Deus não é possível, pois, de fato, não podemos compreendê-Lo, nem reduzi-Lo a um conceito, não entra no domínio da definição (ḥadd) e da descrição (*wasf*) e a meditação se detém a Seus atos e Suas criaturas.

Esses Nomes Belos, com os quais Ele se nominou em Seu Livro Precioso[38] – através de Seu Profeta verídico,[39] para que esse pudesse se qualificar por eles –, abrangem, por um lado, aqueles que se referem à Sua Essência (*ḏāt*) e, por outro, aqueles que indicam Seus Atributos ou Seus Atos, ou os dois simultaneamente. Mas, em todo caso, referem-se com mais clareza à Sua Essência.

---

38 Livro Precioso: refere-se ao Alcorão.

39 Refere-se ao Profeta Muḥammad.

(Nessa tabela dos Nomes divinos) nós os colocamos na coluna dos Nomes da Essência, mesmo que, como mencionamos, possam designar certos atributos ou certos atos ou ambos simultaneamente. Fizemos o mesmo com os nomes dos atributos e os nomes dos atos, classificando-os conforme o sentido mais prevalecente. Isso não impede que possam ser colocados em uma outra coluna. Por exemplo: o Nome Senhor (*Rabb*), que significa O Imutável (*at-Ṯābit*, o que é "fixo"), pertence à Essência; mas, quando significa *al-Muṣliḥ*, O Reformador, pertence aos atos; e quando significa *al-Mālik*, O Possessor, ingressa na colocação dos nomes dos atributos.

Saiba que não temos intenção de limitar os nomes divinos aos mencionados nessa tabela, nem de insinuar que não existem outros, mas simplesmente os dispusemos assim para chamar a atenção sobre o que queremos mencionar, se Deus quiser!

Quando vejas um dos Nomes Belos, inscreve-o na coluna correspondente dessa tabela, de acordo com o significado predominante, pois eles são inúmeros, em função da diversidade na qual resultam. Na verdade, fizemos essa listagem somente para te dar acesso aos nomes que te são apropriados (*yaṣiḥū*) e te trarão benefícios.

Por fim, fizemos essa tabela dos nomes para que o servidor se caracterize por eles, de modo que as realidades essenciais que lhes emprestam significado e com as quais o servidor se encontre em afinidade, do primeiro ao último nome, manifestem-se através desses. Pois o Real, Glorificado seja, disse: "Em verdade, és de nobilíssimo caráter" (68:4). Através dos nomes, O Real, Glorificado seja, nos descreveu as características do Profeta, que a paz seja sobre ele, e disse: "É Misericordioso e Misericordiador com os crentes" (9:128).

Quando estiveres bem consciente do que propomos nessa tabela e da ordem que nela estabelecemos, reconhecerás aquele que é caracterizado por meio dessa (*al-mutaḫalliq bi-hī*); e discernirás nele, em um dado momento, um dos nomes, e te remeterás à Presença que o nome indica, e dirás que essa pessoa se encontra no grau da Presença dos atos, pois trata-se de um nome de ação, ou da Presença de um atributo que se associa àquela pessoa, ou ainda está sob o grau da Presença da Essência, de acordo com o que nele observas com a Presença segundo um determinado nome.

Se, nesse nome, estiverem incluídos significados comuns aos três graus da Presença, considera qual a função essencial que prevalece (na pessoa) por meio da correlação entre os significados do nome e o estado (*ḥāl*) da pessoa. E mesmo que ele esteja, em relação à estação (*maqām*), mais elevado que esse grau de Presença, avalia-o segundo seu estado. Para aquele que, entre nós, está completo (*mukammal*), isto não é velado, pois estará em uma estação superior e conhece a relação entre o nome e a estação daquele que esse nome rege e possui autoridade em um instante determinado e por isso sabe a distinção entre os dois (estado e estação). Mas aquele que não atingiu essa maestria considera a pessoa somente em função de seu estado em relação ao nome, sem conseguir ir adiante. É para isso que serve essa tabela.

Começamos essa tabela pelo nome *Allāh*, pois Ele é, entre os existentes, o Primeiro sem anterioridade, enquanto todas as outras coisas eram inexistentes. Por isso apresentamos essa tabela na sequência da tabela da matéria primeira (*hayulāni*), acompanhando-a, pelo fato de que o Real está íntima e para sempre conectado a ela. E, mesmo que as coisas não possuam existência em sua entidade, Ele as conhece exclusivamente através da matéria primeira, pois, mesmo que essa não tenha existência concreta, engloba tudo. O Real é, para sempre, por ela Exterior (*ẓāhir*) e ela é para Ele Interior (*bāṭin*), sendo um atributo pela ciência, de modo que, sem ela, nada é conhecido. E, mesmo que a ciência não seja distinta dela, ela não é a ciência, pois a ciência faz parte dela sob a jurisdição da "qualidade de ser cognoscente" (*al-'ālimīyya*) e essa qualidade não é a ciência, mas nela se manifesta sob a jurisdição da realidade essencial. Ela não é o cosmos, porque o cosmos enquanto tal é produzido por ela, mas ela não é produzida por ele. No entanto, ela manifesta-se através dele de maneira efetiva. Por isso colocamos a existência de Deus, o Real, e a tabela dos nomes divinos em correspondência com o que há de maior dos mundos (*'awālim*), pois a existência do Real se expõe através dos nomes enquanto fundamento (*mustanad*) dos atos, já que não há um modo de conceber mentalmente a Essência sem que a alma tenha algo em que se basear e essa é a função dos nomes. Precisamos, portanto, atualizá-los em nós mesmos.

Essa tabela dos nomes refere-se exclusivamente ao mencionado sobre a substância primeira, pois essa indica a raiz (*aṣl*) e a raiz de todas as coisas é a Existência do Real, Glória a Ele. Se esse fundamento Real não existisse e se a substância não fosse inteligível, não seria possível nem mesmo conceber o novo broto (*far'*) que assume existência após sua não existência.

Realiza isso e serás bem guiado, se Deus quiser. É a Ele que devemos pedir ajuda.

Saiba, que *Allāh* te assista e te guie, que quando consideramos o mundo tal como ele é, que conhecemos sua realidade, sua fonte e seu princípio, e nos colocamos diante da Presença Divina que se manifesta nele, depois de uma análise aprofundada, tomamos consciência de que a Essência divina (*ḏāt ilāhīyya*) está além de ter uma relação de causalidade (*munāsaba*) com o mundo da geração (*kawn*), da criação (*ḫalq*) e do comando (*'amr*) ou uma dependência (*ta'alluq*) de qualquer espécie (*naw'*) que seja, pois a realidade essencial não admite isso.

Após examinar qual autoridade exerce influência sobre esse mundo, encontramos que os Belos Nomes manifestam-se em tudo que constitui o mundo sem excluir coisa alguma; aparecem nele através de seus efeitos e suas propriedades, não por suas essências, mas por seus significados, não por suas realidades, mas por seus elos sutis (*raqā'iq*). Assim mantemos a Essência Santíssima Santa em sua Santidade e em Sua Pureza.

Considerando esses nomes, constatamos que são inúmeros e dissemos que a multiplicidade é uma reunião (*jam'*) e, portanto, nessa multiplicidade é necessária a presença dos imãs (*a'īmma*) que exercem autoridade sobre o mundo e, por consequência, sobre os demais nomes, pois os imãs reúnem suas realidades essenciais.

O imã original (*muqaddam*) e totalizador (*jāmi'*) é chamado *Allāh*, que reúne o significado de todos os nomes e indica a Essência (*ḏāt*). Assim, afirmamos Sua incomparabilidade tanto quanto afirmamos a incomparabilidade da Essência. Ele sintetiza os nomes; e se considerarmos sua relação com uma criatura qualquer, não será em função do aparecimento dessa, mas de sua relação com uma realidade sob a qual *Allāh* exerce influência. Essa realidade é um nome que a designa e que é outro que não *Allāh*. Considerando essa criatura em relação a esse nome que não se aplica senão a ela, conferimos seu aparecimento através desse nome e mantemos o nome *Allāh* em sua Incomparabilidade. Agora que podes reconhecer esse fato, afasta o nome totalizador de tudo o que se refira à criatura e mantenha-o em Sua Incomparabilidade, de modo que cada realidade continua a ocorrer enquanto a autoridade de Sua Essência se manifesta (*yaẓharu*) plenamente.

Voltando aos imãs que fazem parte do conjunto de Sua realidade essencial: dizíamos que os imãs de todos os nomes, segundo a razão e segundo a Lei, são sete e todos os outros nomes derivam destes. São eles: O Vivo (*ḥay*), O Conhecedor (*'ālim*), O Desejante (*murīd*), O Eloquente (*qā'il*), O Poderoso (*qādir*), O Generoso (*jawād*) e O Justo Repartidor (*muqsiṭ*).

O Vivo é o imã dos imãs, seu fundamento, e o Justo Repartidor é o último dos imãs. É a Lei que introduziu o nome O Eloquente entre os imãs, a posição (*maqām*) lhe é receptiva e nela se satisfaz. Quanto aos demais nomes, é a compreensão racional que os estabelece como imã. O nome O Locutor é particularmente identificado ao Espírito Santo e, sob um certo aspecto, participa do Justo Repartidor e do Generoso, mas não dos demais. O nome O Generoso inclui todo nome de Misericórdia, confere contentamento e benefícios, e exerce influência sobre esse grupo de nomes. E não existem no mundo outros imãs senão esses e nem outros grupos de nomes senão esses dois. Se não fosse pelos preceitos religiosos não teríamos necessidade do Justo Repartidor, pois a sanção e a ameaça impuseram o imamato a esse nome. O sofrimento dos animais e de outras coisas análogas não depende da função desse nome, mas do Desejoso, que também pertence aos imãs conforme já mencionado.

Realiza bem os significados dessa tabela que fizemos para ti, a fim de fixá-la em tua imaginação!

Agora vou estabelecer para ti o círculo do mundo, sem levar em consideração nem a Tradição nem os imãs. Descreverei o círculo da bem-aventurança do mundo e aquele de sua adversidade e os imãs que a esses se referem. Observa a extensão dos elos sutis que partem da Presença dos imãs em ordem de prioridade e superioridade. Estabelecerei para ti os dois grupos de nomes entre o círculo do mundo e a Presença do imã e assim teremos três círculos: um que inclui os dois grupos, em correspondência com o círculo maior, absoluto do mundo e dois outros círculos em correspondência com os mundos da bem-aventurança e o da adversidade, distinguindo os dois grupos (de nomes). Observa-os e realiza-os, atualizando-os em tua imaginação.

Estenderei os elos sutis dos imãs aos guardiões (*sadna*) dos nomes e, em seguida, dos guardiões aos mundos. Algumas vezes os elos sutis passam de um imã a outro e depois descendem e chegam ao mundo, pela interdependência (*wuqūf*) de um imã sobre outro e inscrevo sobre os elos a influência (*aṯār*) que transmitem, para que tu compreendas. Aplica tua atenção e sutiliza teu coração (*fu'ād*) e sê grato a Deus, que me encarregou dessa tarefa para ti, a fim de que conheças da existência aquilo que está oculto à maior parte das criaturas, por meio da experiência direta e por uma analogia perfeitamente adequada, por Sua Graça, Sua Força e Seu Poder.

Saiba que a causa da gênese do mundo, em relação ao que exige o desvelamento imaginal e o regime divino, é o que já mencionamos no *Kitāb 'Anqā' Mugrib*,[40] no capítulo "Conferência eterna (*azalīyya*) sobre uma produção perpétua (*abadīyya*)" e agora, nesse novo livro, mencionaremos apenas o necessário.

Ora, quando os guardiões desses nomes tinham nas mãos as chaves (*maqālīd*) dos Céus e da Terra, antes que esses existissem, cada guardião ficava com sua chave sem ter o que abrir. E disseram: "Que estranho! Guardiões de tesouros, com as chaves (*mafātīh*) dos tesouros, e sem saber onde esses estão? O que faremos com essas chaves?". Eles confabularam sobre o assunto e concluíram: "Devemos ir até os sete imãs que nos deram essas chaves sem nos contar onde estão os tesouros dos quais somos guardiões". E colocaram-se diante da porta dos imãs: do Especificador (*al-imām al-Muḫaṣṣiṣ*), do Benfeitor e do Justo Repartidor. Informaram a eles a situação e os imãs lhes disseram: "Reportaram-nos fielmente sobre a situação e lhes explicaremos, se Deus quiser! Mas devemos ter com os demais imãs e nos reuniremos diante da porta da Presença do imã divino, o imã dos imãs".

Eles se reuniram e, em relação ao imã dos imãs (Allāh), todos eram guardiões. Pararam diante de Sua porta e Esse aparece dizendo: "O que os trouxe aqui?". Eles explicaram-Lhe a situação e que buscavam encontrar o *wujūd* (a existência) dos Céus e da Terra para que pudessem usar as chaves correspondentes a cada porta. Ele lhes perguntou: "Onde está o imã O Especificador?".

O Desejante se apressa a se colocar diante Dele e Ele lhe diz: "Tu e o Conhecedor não sabem a resposta?"; eles respondem

40 Veja-se tradução de Gerald T. Elmore em *Islamic Sainthood in the Fullness of Time: Ibn 'Arabī's book of the Fabulous Gryphon*. Archego, 1999.

que sim. "Sendo assim", disse-lhes Ele, "liberem-se da preocupação e da inquietude!". Então O Conhecedor e o Desejante disseram: "Ó Imã Supremo, diga aos imãs O Poderoso e ao Eloquente para nos auxiliarem, pois sozinhos não conseguiremos, a menos que sejamos quatro de nós!".

Allāh, Glorificado seja, chama o Poderoso e o Eloquente e lhes diz: "Ajudem vossos irmãos no que estão prestes a fazer!". Eles respondem afirmativamente e colocam-se diante do Generoso dizendo-lhe: "Estamos determinados a entificar as criaturas e o mundo adventício, fazendo-os passar da não existência (*'adam*) ao encontro da existência. E para isso precisamos de tua função, da tua Generosidade. Concede-nos Tua Generosidade para que possamos entificá-los!". O Generoso outorga-lhes de Sua Generosidade absoluta e eles a levam consigo, correlacionam-se com o mundo e o fazem aparecer segundo o máximo da Sabedoria e da perfeita disposição (*itqān*), de modo que não é possível encontrar um mundo mais perfeito, pois teve origem na Generosidade absoluta. Se houvesse um mundo mais perfeito, isto significaria que a Generosidade seria avarenta, guardando uma parte de sua perfeição para si, e não seria possível qualificá-la por Generosidade absoluta caso houvesse nela qualquer avareza. Portanto, o nome O Generoso, em relação àquilo que se doa, não lhe conviria mais que o nome O Avaro para aquele que retém, e as realidades do mundo seriam falsificadas. Assim, confirma-se que o nome O Avaro não lhe convém e é impossível que guardasse para Si algo de Sua perfeição.

Esta é a gênese e a origem do mundo. E o imã O Justo Repartidor somente se manifestou após o descenso dos preceitos tradicionais. Então cada nome apropriou-se de sua chave e ligou-se às realidades associadas a cada chave, exercendo a função que deveriam exercer em correlação com a existência das criaturas.

Realiza o conteúdo desse capítulo conciso e admirável, pois te será proveitoso neste tema.[41]

E Deus é quem guia para o que é correto.

Completou-se o livro.

41 Tema: traduz o termo *bāb*, capítulo, tema, matéria.

Referências

Ibn 'Arabī

'Arabī, Ibn. *Fuṣūṣ al-Ḥikam – The Bezels of Wisdom*. Tradução de R. W. J. Austin. 2.ed. Lahore: Suhail Academy, 1999.

______. *Fuṣūṣ al Ḥikam – The Ringstones of Wisdom*. Tradução e notas de Caner K. Dagli. Edição de Seyyed Hossein Nasr. Chicago: Kazi Publications, 2004.

______. *Fuṣūṣ al Ḥikam – La Sagesse des prophètes*. Tradução de Titus Burckhardt. Paris: Albin Michel, 1955.

______. *Fuṣūṣ al-Ḥikam – Ismail Hakki Bursevi's Translation of and Commentary on Fuṣūṣ al-Ḥikam*, 1700. Tradução para o inglês de Bulent Rauf. 4 volumes. Oxford & Istambul: Muhyiddin Ibn 'Arabī Society, 1986-91.

______. *Fuṣūṣ al-Ḥikam – Le Livre des chatons des sagesses*, 2 v. -Tradução e Comentário de Charles-André Gilis. Beirute: Les Éditions Al-Bouraq, 1999.

______. *Fuṣūṣ al-Ḥikam. An Annotated Translation of the Bezels of Wisdom*. Tradução de Binyamin Abrahamov. Abingdon (Oxon): Routledge, 2015.

______. *Al Futūḥāt al-Makkīyya*. Beirut: Dār Iḥiya' al-Turat al-'Arabī, 4v., 1997.

'Arabī, Ibn. *Al Futūḥāt al-Makkīyya – The Meccan Revelations*. Edição de Michel Chodkiewicz. Tradução de Willian C. Chittick e James W. Morris. Vol.I. New York: Pir Press, 2002.

______. *Al Futūḥāt al-Makkīya – The Meccan Revelations*. Edição de Michel Chodkiewicz. Tradução de Cyrille Chodkiewicz e Denis Gril. Vol.II. New York: PirPress, 2004.

______. *Al Futūḥāt al-Makkīyya – Les Illuminations de la Mecque*. Edição de Michel Chodkiewicz. Tradução de Cyrille Chodkiewicz e Denis Gril. 2.ed. Paris: Albin Michel, 1997.

______. *Tarjumān al-aświāq. L'Interprete des désirs.*Trad. Maurice Gloton. Paris: Michel Albin, 1996.

______. *Tarjumān al-aswāq. The Translator of Desires.* Trad. Michel Sells. Princeton University Press, 2021.

______. *Traité de l'amour.* Paris: Éditions Albin Michel, 1986. Trad. espanhola de Alfonso Colodrón. 2.ed. Madrid: Arca de Sabiduría, 2002.

______. *Lubbu-l-Lubb – Kernel of the kernel.* Tradução de Ismail Ḥaqqi Bursevi. 2.ed. Scothland: Beshara Publications, 1997.

______. *At-Tadbirat al-Ilahiyyah fi islah al-manlakat al-insaniyyah – Divine Governance of the Human Kingdom.* Tradução de Shaikh Tosun Bayrak al-Jerrahial-Halveti. Louisville, Canadá: Fons Vitae, 1997.

______. *Kitāb al-Tajalliyat – Le livre des theophanies.* Tradução de Stéphane Ruspoli. Paris: Les éditions du CERF, 2000.

______. *Rūh al-quds & al-Durrat al-Fakhirah – Sufis of Andalusia.* Tradução de R. W. J. Austin. 2.ed. Lahore: Suhail Academy, 1999.

______. *Shajarat al-kawn – The Tree of Being.* Tradução de Sheikh Tosun Bayrakal-Jerrahi al-Halveti. Cambridge: Arche Type, 2005.

______. *Kitāb manzil al-Qutb wa maqamu-hu wa lahu-hu – Il mistero del custodi del mondo.* Tradução de Chiara Casseler. Turim: Il Leone Verde, 2001.

______. *Risālat-ul-anwar fima yumnah sahib alkhal wa min al-asrar. Journey to the Lord of Power.* Tradução de Sheikh Manzaffer Ozak al-Jerrahi. New York: Inner Traditions International, 1981.

'Arabī, Ibn. *The Mysteries of Bearing Witness to the Oneness of God and Prophethood of Muhammad.* Tradução de Aisha Bewley. Chicago: Kazi Publications, 2002.

'Arabī, Ibn. *Risālatul aḥadiyah – El tratado de la unidad.* Tradução de Abdul-Hadi. Barcelona: Los Pequeños Libros de la Sabiduría, 2004.

______. *Mašahid al-asrar wa-matali al-anwar. Las contemplaciones de los misterios.* Tradução de Suad Hakim e Pablo Benito. Edição bilíngue, Árabe-Espanhol. 3.ed. Murcia, Espanha: Editora Regional de Murcia, 2003.

______. *Hilyat al-Abdāl. La parure des Abdal.* Trad. francesa de Michel Valṣan como Paris: Les Éditions de l'OEuvre, 1992.

______. *Kitāb in'šā ad-daw'āirwa -l-jadāwıl. La Production des cercles.* Trad. Paul Fenton & Maurice Gloton. Paris: Éditions de L'Éclat, 1996.

______. *Kitāb inšā' ad-dawā'ir wa-l-jadāwil.* Ed. H. S. Nyberg, em *Kleinere Schriften des Ibn al-'Arabī* .Leiden: Brill, 1919.

______. *Kitāb al-Y'āwa huwa kitāb al-Huwa. Il libro del sé divino.* Trad. italiana de Chiara Cassler. Turim: Il Leone Verde, 2004.

______. *Kitāb al-isfār 'an nat'āij al-asfār. Le dévoilement des effets du voyage.* Trad. Denis Gril. Paris: Éditions D'Éclat, 2004.

______. *Kitāb al-isfār 'an nat'āij al-asfār. El esplendor de los frutos del viaje.* Trad. Carlos Varona Narvión. Madrid: Ediciones Siruela, 2008.

______. *Kitāb Mishkât al-anwâr. Le niche des lumières.* Trad. francesa de Muhammad Valsan, Les Éditions de L'Œuvre, 1983. Tradução inglesa: *Divine Sayings*, por S. Hirtenstein e M. Nocutt. Oxford: Anqa Publishing, 2004.

______. *Al-Ittiḥāt al-kawnī (tratado sobre a unificação), The Universal Tree and the Four Birds.* Tradução de Angela Jaffray. Oxford: Anqa Publications, 2006.

______. *Risālat al-amwār (Tratado das Luzes). L'Epistola dei settanta veli*, tradução de Angelo Iacovella. Roma: Voland s.r.l., 1997.

______. *'Uqlah al-Mustawfiz. Traité sur L'Homme Universel.* Trad. Max Giraud. Paris: Al-Bouraq, 2018.

Textos de Ibn 'Arabī traduzidos em coletâneas ou outros formatos

BENEITO, Pablo. *El Secreto de los nombres de Dios*. Murcia: Ediciones Tres Fronteras, 2012. [Em português: *O segredo dos nomes de Deus*. São Paulo: Attar Editorial, 2020].

______. *La Taberna de las Luces: Antología de la poesía sufí de al-Andalus y el Magreb*. Murcia: Editora regional, 2004.

CHITTICK, Willian C. *The Self Disclosure of God – Principles of Ibn al-'Arab'īs Cosmology*. (tradução de textos selecionados da *Futūḥāt al-Makkīyya*). Lahore: Suhail Academy, 2000, 483p.

______. *Sufi Path of Knowledge – Ibn al-'Arab'īs Metaphysics of Imagination*. (tradução de textos selecionados da *Futūḥāt al-Makkīyya*). Lahore: Suhail Academy, 2000.

MORRIS, James W. *Some Dreams of Ibn 'Arabī* (em *Risālat al-Mubashshirāt*), p.1-3 in the Newsletter of the Muhyiddīn Ibn 'Arabī Society (Oxford), Autumn, 1993.

______. *Spiritual Imagination and the "Liminal" World: Ibn 'Arabī on the barzakh. Chapter 63 of the Futūḥāt*. In POSTDATA (Madrid), v.15, no.2 (1995), p.42-9 e 104-9.

______. *The Spiritual Ascension: Ibn 'Arabī and the mi'rāj. Chapter 367 of the Futūḥāt. In Journal of the American Oriental Society*, v.107 (1987), p.629-52, e v.108 (1988), p.63-77.

______. *The Mahdi and his Helpers Chapter 366 of the Futūḥāt*. Included in section II, "At the End of Time", in *Ibn 'Arabī: The Meccan Revelations* (co-author with W. Chittick). New York: Pir Press, 2002.

______. *Ibn 'Arabî's "Esotericism": the Problem of Spiritual Authority*. In *Studia Islamica*, LXXI (1990), p.37-64. (Comentário do Capítulo 366 da *Futūḥāt*, inclui tradução de trechos).

WINKEL, Eric. Vários volumes que constituem a primeira tentativa de traduzir a *Futūḥāt al-Makkīyya* integralmente a partir da edição crítica de 'Adb al-'Azīz Sulṭān al-Mansūb. O texto deve compreender 37 volumes. Até o momento estão traduzidos 18 volumes. São eles:

The Youth – Introdução, Prefácio, Capítulos 1 e 2.

The Alphabet – do capítulo 2 (livro 8) ao capítulo 16. *Cosmography. Writing the Universe* – do cap.17 ao 40. *Species and Kinds in the Universe* – do cap.41 ao 64.

Mysteries of purity – do cap.65 ao 68. *Mysteries of Prayer I* – cap.69. *Mysteries of Prayer II* – cap.69. *Mysteries of Charity* – cap.70. *Mysteries of the Fast* – cap.71. *Mysteries of Pilgrimage* – cap.72. *The Count* – cap.72.

The Questions – cap.73 – (as 154 questões propostas por al-Ḥaquim al-Tirmidī, incluindo o *Al-iṣṭilāhāt aṣ-ṣūfiyyah-terminologia sufi*).

The inter-actions I – do cap.74 ao 161. *The Inter-actions II* – do cap.162 ao 188. *Changes* – do cap.189 ao 269.

OBS. novas edições por Pier Press. Veja-se <https://www.thefutuhat.com/>.

Referências gerais

ABUZAID, Nasr Hāmid. *Hakaza takalam Ibn 'Arabī* (Assim falou Ibn 'Arabī). Cairo: Al-Hai'a al-Masriya, 2002.

ADDAS, Claude. *Quest for the Red Sulphur – the Life of Ibn 'Arabī*. Lahore: Suhail Academy, 2000.

AFFIFI, A. E. *The Mystical Philosophy of Muhyd Din Ibnul 'Arabī*. Lahore: Kashimiri Bazar, 1964.

AKLACH, Samer. *Cosmology and Architecture in Premodern Islam: An Architectural Reading of Mystical Ideas*. New York: State University of New York Press, 2005.

ALADDIN, Bakri (Ed.). *Symbolisme et herméneutique dans la pensée de Ibn 'Arabi*. Damasco/Beirute: Presses de l'Institut Français du Proche-Orient, 2007.

AL-BUKHARI, Muhamed Ibn Ismail. *Hadih*. 9 volumes, convertidos para pdf por Bill McLean e disponível em http://www.mclean.faithweb.com

AL-JURJĀNĪ, 'Ali b. Muḥammad. *Kitāb al-Ta'rīfāt, Le Livre des définitions.* Tradução Maurice Gloton. Teerã: Presses Universitaires d'Iran, 1994.

AL-QĀSHĀNĪ, 'Abd ar-Razzāq. *Les Ta'wīlāt al-Qur'an. Commentaire ésotérique du Coran* (tradução Michel Valsan). Paris: Koutuoubia, 2009. Também a trad. de Feras Hamza, Fons Vitae, 2007.

AL-QAYSARI, Dawwud. *Scienza iniciatica (Risalat fi 'Ilm al-Tasawwuf).* Tradução e notas de Giorgio Giurini.Turim: Il Leone Verde, 2003.

AL-QUŠAYRI, abu' l-Qasim ('Abd al-Karīm). *Epistle on Sufism – Al-Risala al-qushayriyya fi 'ilm al-tasawwuf.* Tradução Alexander D. Knysh. Berkshaire (Inglaterra): Garnet Publishing Limited, 2007.

AL-TIRMIDĪ, Ḥakīm. *Le profondità del cuore.* Tradução de Demetrio Giordani. Milão: Editoriale Jouvence, 2015.

AMIR-MOEZZI, Mohammad Ali. *Dizionario del Corano.* Tradução de Ida Zilio-Grand. Milano: Arnoldo Mondadori Editore, 2007.

______. *Le Coran des historiens.* Paris: Les Èditions du Cerf, 2019.

AR-RĀZĪ, Fakr ad-Dīn. *Traité sur les noms divins.* Trad. Maurice Gloton. Beirute: Al-Bouraq, 2009.

CHABBI, Jacqueline. *Le seigneur des tribus: L'Islam de Mahomet.* Paris: CNRS Editions, 2013.

______. *Les trois piliers de L'Islam.* Paris: Éditions du Seuil, 2016.

CHEBEL, Malek. *Dizionario dei simboli islamici: riti, mistica e civilizzazione.* Roma: Edizioni Arkeios, 1997. Edição francesa: *Dictionnaire des symboles musulmans: rites, mystique et civilisation.* Paris: Albin Michel, 1995.

CHITTICK, Willian C. *In Search of the Lost Heart: Explorations in Islamic Thought.* Albany: SUNY Press, 2012.

______. *Ibn 'Arabī: Heir to the Prophets.* Oxford: Oneworld, 2005.

______. *Imaginal Worlds: Ibn al-'Arabī and the Problem of Religious Diversity.* Albany: State University of New York Press, 1994.

______. *The Self-Disclosure of God: Principles of Ibn al-'Arab'īs Cosmology.* Albany: State University of New York Press, 1998.

______. *The Sufi Path of Knowledge: Ibn al-'Arab'īs Metaphysics of Imagination.* Albany: State University of New York Press, 1989.

CHODKIEWICZ, Michel. *An Ocean without Shore: Ibn 'Arabī, the Book and the Law.* Trans. David Streight. Lahore: Suhail Academy, 2001.

______. *Seal of the Saints: Prophethood and Sainthood in the Doctrine of Ibn 'Arabī.* Trans. Liadain Sherrard. Lahore: Suhail Academy, 2001.

CORBIN, Henry. *Alone with the Alone – Creative Imagination in the Sufism of Ibn 'Arabī.* 6.ed. New Jersey: Princeton University, 1998.

______. *Spiritual Body and Celestial Earth.* 2.ed. Tradução para o inglês de Nancy Pearson. New Jersey: Princeton University, 1997.

______. *History of Islamic Philosophy.* London: Kegan Paul International/ Islamic Publications, 1993.

______. *Face de Dieu, face de l'homme.* Paris: Flammarion, 1983.

CRESCENTI, Carmela. *'Ilm al-hurūf. Métaphysique de la langue et des lettres selon la doctrine d'Ibn 'Arabī.* Sarrebruck: Éditions Universitaires Européennes, 2011.

ELMORE, Gerald. *Islamic Sainthood in the Fullness of Time: Ibn al-'Arab'īs Book of the Fabulous Gryphon.* Leiden: Brill, 1999. Contém uma tradução do livro *'Anqa' al-mugrib*, de Ibn 'Arabī.

FAGHFOORY, Mohammad (ed.). *Beacon of Knowledge: Essays in Honor of Seyyed Hossein Nasr.* Louisville, KY: Fons Vitae, 2003.

FAKHRY, Majid. *A Short Introduction to Islamic Philosophy, Theology, and Mysticism.* Oxford: Oneworld, 1997.

FRANK, Richard. *Classical Islamic Theology: the Ash`arites: Texts and Studies on the Development and History of Kalam*, V.III (Variorum Collected Studies). New York: Routledge, 2008.

______. *Philosophy, Theology and Mysticism in Medieval Islam – texts and Studies on the Development and History of Kalam.* V.I, 2. ed. (Variorum Collected Studies). New York: Routledge, 2016.

GILSON, Etienne. *A filosofia na Idade Média.* Tradução de Eduardo Brandão. 3.ed. São Paulo: Martins Fontes, 2001.

______. *Reason and Revelation in the Middle Ages.* New York: Charles Scribner's Sons, 1939.

______. *O ser e a essência.* São Paulo: Paulus, 2016.

GLOTON, Maurice. *Un Approach du Coran par la grammaire et le lexique*. Paris: Al-Bouraq, 2002.

GRAMLICH, Richard. *La mística del islam. Mil años de textos sufíes*. Maliaño (Espanha): Editorial Sal Terrae, 2004.

HAMMAMAI, Omar; MONS, Patricia. Le Grand Dīwân Ibn 'Arabî. Poèmes choisis et traduits. Paris: Albin Michel, 2016.

HOURANI, Albert. *La Historia de los Arabes*. Buenos Aires: Ediciones B S.A. para Ediciones Verjera, Madrid, 2003.

HUGHES, Aaron W. *Texture of the Divine. Imagination in Medieval Islamic and Jewish Thought*. Bloomington/Indianapolis: Indiana University Press, 2004.

IZUTSU, Toshihiko. *God and Man in the Qur'an. Semantics of the Qur'anic weltanschauung*. Kuala Lumpur: Academe Art & Printing Services, (2.ed). 2008. (Keio University, Japão, 1964)

______. *Sufism and Taoism: a Comparative Study of Key Philosophical Concepts*. 2.ed. Berkeley and Los Angeles: University of California Press, 1984.

KHALIFA. Laila. *Ibn 'Arabī, Initiation à la futuwwa. Illuminations, conquêtes, taṣawwuf et prophétie*. Beirute: Les Éditions Albouraq, 2001.

KNYSH, Alexander D. *Ibn 'Arabī in the Later Islamic Tradition. The Making of a Polemical Image in Medieval Islam*. Albany: SUNY, 1999.

LEAMAN, Oliver. *An Introduction to Classical Islam*. Cambridge: Cambridge University Press, 2004.

LORY, Piere. *Alchimie et mystique en terre d'islam*. Paris: Gallimard, 2003.

LUPASCO, Sthephane. *Le principe d'antagonisme et la logique de l'energie*. Paris: Le Rocher, 1987.

______. *Les trois matières*. Paris: Cohérence, 1982.

______. *L'energie et la matière psychique*. Paris: Le Rocher, 1987.

______. *O homem e as suas três éticas*. Lisboa: Instituto Piaget, 1994.

______. *L'expérience microphysique et la pensée humaine*. Paris: Presses Universitaires de France, 1941; 2.ed., Mônaco: Rocher, 1989.

MASSIGNON, Louis. *Essai sur les origines du lexique technique de la mystique musulmane*. Paris: Paul Geuthner (Librairie Orientaliste), 1922.

MOULINET, Philippe. *Le Soufisme regarde l'Occident*. Paris: L'Harmattan, 2002.

______. *Les Clefs d'Ibn Arabî. Commentaire intégral du Kitâb Fusûs al-Ḥikam*. Paris: Dar Albouraq, 2010.

MURATA, Sachiko; CHITTICK, William. *The Vision of Islam*. New York: Paragon House, 1994.

NASR, Seyyed Hossein; LEAMAN, Oliver (Eds). *History of Islamic Philosophy*. London: Routledge, 2003.

SMIRNOV, Andrey. *La filosofia mistica e la ricerca della verità*. Roma: Simmetria edizioni, 2005.

______. *Il vortice divino. Il monismo come interdipendenza tra ẓâhir-bâtin: il punto di vista musulmano e la filosofia mistica di Ibn ʿArabî*. Acesso on-line: https://mondodomani.org/dialegesthai/asm01.htm

______. *Cultural Diversity as Logic-and-meaning otherness: the Case of Knowledge and Faith*. In: *Knowledge and Belief in the Dialogue of Cultures*. Washington, D.C.: Institute of Philosophy, Russian Academy of Sciences; The Council for Researches in Values and Philosophy, © 2011, p.129-33.

______. *Logic of Sense. Theory and Its Application in the Analysis of Classical Arabic Philosophy and Culture*. Moscou: Yaziki slavyanskoi kulturi, 2001. (Veja-se: http://smirnov.iph.ras.ru/eng/pube/lse/lse_sum.htm).

______. *Truth and Islamic Thought*. In: *A Companion to World's Philosophy*, Eds. Eliot Deutch e Ron Bontekoe. Oxford: Blackwell Publishers, 1997.

YAHYA, Osman. *Histoire et classification de l'œuvre d'Ibn ʿArabī*. Damasco: Institut Français de Damas, 1964.

YOUSEF, Mohamed Haj. *Ibn ʿArabī: Time and Cosmology*. New York: Routledge, 2008.

______. *The Duality of Time Theory*. ASIN: B07645RMZG. Abu Dhabi: Ibnalrabi, 2018.

______. *Ultimate Simmetry*. Edição do autor, 2019. (ISBN-10: 1723828696)

______. *Time Chest*. Edição, 2019. (ISBN: 978-1793927156)

______. *Space Origin: Complex-Time Creating Reality*. ASIN: B0F9WZSPJS. Abu Dhabi: Ibnalrabi, 2025.

ZAIDĀN, Yossef. *Šarḥ mušakalāt al-Futuḥāt*. (Explicação variada da Futuḥāt). Cairo: Dār al-Amīn liltạbāʾa, 1998.

ALCORÃO. Português, tradução de Samir El Hayek. São Paulo: Federação das Associações Muçulmanas do Brasil.

LE CORAN. Francês. Trad. Régis Blachère. Paris: Maisonneuve & Larose, 1966.

THE KORAN INTERPRETED. Inglês. Trad. A. J. Arberry. New York: Touchstone, 1996.

Dicionários

A Thesaurus of Islamic Philosophy, 5 v. Qom, Irã: Islamic Research Center for the Encyclopedia or the Islamic intellectual sciences, 2016.

AL-DIMAŠQUĪ, Muḥammad Munir. *Al-Mu'jam lila'yát al-Qur'ān al-Karīm*. (Dicionário das suratas do Alcorão generoso). Beirute: Dar al-Qalam, 1437 H., 1928 Gregoriano.

AL-JURJĀNĪ, 'Ali ben Muḥammad. *Kitáb al-ta'rifát*. (le livre des definitions. Traduction, introduction et annotations par Maurice Gloton. Préfacé par Pierre Lory. Beyrouth, Liban: Dar al-Bouraq, 2006.

CORRIENTE, Federico. *Qāmus 'arabī ispānī*. (Diccionario arabe-español). 3.ed. Barcelona: Editorial Herder, 1991.

GIHAMI, Gerard. *Mwssu'át Mustalahát al-Falsafa 'ind al 'arab*. (Enciclopédia de terminologias filosóficas entre os árabes. Beirute: Libraire du Liban Publishers, 1998.

IBN MANZHŪR. *Lisān al-'Arab*. Beirute, 1994 (18v.) – versão on-line: http://arabiclexicon.hawramani.com/ibn-manzur-lisan-al-arab/

LANE, Edward Wiliam. *An Arabic-English Lexicon*. Beirute: Librairie du Liban, 1968. Disponível para consulta on-line: https://lanelexicon dotcom.files.wordpress.com/2013/02/lane-an-arabic-english-lexicon.pdf

SAMĀḤHA, Suhail Ḥasīb. *Mu'jan al-Ḥay*. (Dicionário Vivo). Beirute: Maktabat Tamīr, s.d.

WER, Hans. *Arabic-English Dictionary*. New York: Spoken Language Services, 1976.

SOBRE O LIVRO

Formato: 13,7 x 21 cm

Mancha: 23 x 44 paicas

Tipologia: Venetian 301 12,5/16

Papel: Off-white 80 g/m² (miolo)

Cartão Triplex 250 g/m² (capa)

1ª edição Editora Unesp: 2025

EQUIPE DE REALIZAÇÃO

Edição de texto

Raquel Reis (Copidesque)

Carmen T. S. Costa (Revisão)

Capa

Vicente Pimenta

Editoração eletrônica

Eduardo Seiji Seki

Assistente de produção

Erick Abreu

Assistência editorial

Alberto Bononi

Gabriel Joppert

Impressão e Acabamento:
EXPRESSÃO & ARTE
EDITORA E GRÁFICA
www.graficaexpressaoearte.com.br